Echeve
and Sec

エケベリアやセダムで楽しむ

多肉植物のみっちり寄せ植え

kurumi

日本文芸社

message

　私が最初に作った寄せ植えは、エケベリアを花に見
立て、セダムを葉のようにあしらった小さな寄せ植えで
した。自宅にある苗をカットして時間をかけて配置を決
めて作ったのですが、しばらくすると苗と苗の間に隙間
ができてしまいました。いろいろ作っているうちに、育っ
た後を意識して配置を決め、たくさんの苗をみっちり植
え込むことで、寄せ植えが長く楽しめることに気づきま
した。小さな鉢にみっちり苗が寄せてあると、一つで植
えてあるエケベリアやセダムよりも、よりかわいらしく
感じ、私は寄せ植えに夢中になっていったのです。

　右の写真は約2年半前に作ったもので、仕立て直し
をしながら寄せ植えをきれいに保つようにメンテナンス
をしています。作ってから時間が経ったからこそ、より
色合いが美しく、動きがある寄せ植えを楽しむことがで
きています。

　本書をきっかけに多肉植物のみっちり寄せ植えのコツ
を知り、寄せ植えのある暮らしを楽しんでいただけたら
うれしいです。

kurumi

＊本書では、みっちり隙間なく植える寄せ植えのことを「みっちり寄せ」と呼びます。

3

Contents

PART.1 みっちり寄せのスタイリング ·················· 7

PART.2 みっちり寄せの基本 ·················· 29

How to grow and
make succulents!

＊掲載内容は、2023 年 1 月現在のものです。

＊印刷物のため、現物と色が異なる場合があります。また植物はその年の気候などによって色が変わる場合があります。
　ご了承ください。

本書で使用する多肉植物の分類について

本書では、ベンケイソウ科の「エケベリア」属と「セダム」属に加えて、パキベリアやセデベリアなどエケベリアと他の属の交配である「エケベリアの仲間」、その中に属さないものでエケベリアやセダムと寄せ植えの相性がいい品種を「その他の多肉植物」として、4つのグループに分けています（P65〜多肉植物の図鑑参照）。

※属とは多肉植物を形で分類したもので、おおむね生育地の環境が似ており、成長期などを知る目安になります。

【 エケベリア 】

バラのようなロゼット*型が特徴で、その華やかさから寄せ植えの主役として人気。メキシコなど中南米を中心に分布しており、数多くの園芸交配種が存在する。

スイレン

【 エケベリアの仲間 】

エケベリアと同じベンケイソウ科のパキフィツム、セダム、グラプトペタルム属などと交配させた園芸品種。両方の属の特徴を受け継ぎ、比較的育てやすいものが多い。

マーガレットレッピン

【 セダム 】

セダムは生育形態が多様で、匍匐（ほふく）で広がるもの、茎が上に育つもの、枝垂れるものがある。成長が早く強健なものが多く、グラウンドカバーなどにも使われる。

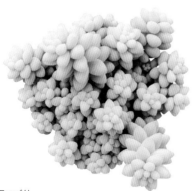

新玉つづり

【 その他の多肉植物 】

クラッスラ属や、グラプトペタルム属など、小型で肉厚なかわいいフォルムが特徴。エケベリアとセダムに加えて、寄せ植えを作るのにおすすめの品種。

レモータ

＊ロゼット型：茎が詰まってほとんど同じ高さから、バラのような形に葉が生えているもののこと。

PART.1 | みっちり寄せのスタイリング

さまざまなキーワードからイメージするみっちり寄せを提案します。
鉢に限らず、ユニークな入れ物を使ったアイデアは必見です。

ころんとしたセメントの無機質な
素材にエケベリアとセダムを合わ
せたみっちり寄せ。鉢の縁にあし
らったセダムの紫〜ボルドーのグ
ラデーションで上品な仕上がりに。

Modern

モダン

point

古道具を額縁に見立て、ネルソル
でみっちりと苗を植えます。土に
茎や根をしっかり植え付け、横か
ら見たときの高さを揃えることを
意識するのがきれいに作るコツ。

material

鉢：古いブリキ板
資材：ネルソル
主な植物：魅惑の宵、ダーククリス
マス、クリスマスイブ、虹の玉、ザ
ラゴーサ、春霞、ルドリップなど(P8)
ラウリンゼ、スノーバニー、パール
フォンニュルンベルグなど(P9)

Natural

ナチュラル

point

茎立ちする星美人はハンドルの
下を避けて、エケベリアはフラッ
トに植えます。エケベリアから
植え始め、周囲にセダムを寄せ
ながら植えることでみっちり感
が増します。

material

鉢:バスケット　資材:寄せ植え
用土、鉢底石　主な植物:ラウリ
ンゼ、ピーチスアンドクリーム、
ピンクルビー、乙女心、星美人、
トリカラー、ボルケンシー錦、斑
入りグリーンネックレスなど

Wild
ワイルド

point

古びたアイアンパーツの中央を
高くドーム状にすると、パーツ
の無骨な雰囲気とのバランスが
取れます。サビとセダムのみず
みずしさの相性が◎。

material

鉢：アイアンパーツ
資材：ネルソル
主な植物：ラウイ、パキフィル
ム、新玉つづり、ケープブラン
コ、コーラルカーペット、リトル
フロッジー、だるま秋麗、ブルー
ビーン、レッドベリーなど

Fancy
ファンシー

point

クルミの殻を鉢に見立てたミニ
ミニサイズの手乗りみっちり寄
せ。茎が太めのレッドベリーを
最初に植えると、次に植える苗
が植えやすくなります。

material

鉢：クルミの殻、クルミのバスケット
資材：ネルソル
主な植物：レッドベリー、パキフィル
ム、ブレビフォリウム、マジョール、
アクレアウレウム、リトルミッシー、
姫秋麗、オーロラなど

Wabisabi

ワビサビ

ミニ盆栽用の鉢の色とつなが
る色の植物をセレクト。浅鉢
には、苗の高さを揃えて鉢と
一体化するように植え込むの
がきれいに仕上げるポイント。
足付き鉢は、高さを出して華
麗に仕上げます。

material

鉢:ミニ盆栽用鉢、足付き鉢
資材:ネルソル(P16)、寄せ植
え用土(P17)
主な植物:ブレビフォリウム、
レッドベリー、新玉つづり、茜
の塔錦、ブロウメアナ、魅惑の
宵、ダーククリスマス、ブロウ
メアナ、リトルフロッジーなど

Wedding
ウエディング

point
底穴のないガラスには底にゼオ
ライト、上にカラーサンドを使っ
て、華やかさに根腐れ防止効果
もプラス。グラスの高さを生か
して斑入りのグリーンネックレ
スで動きを出します。

material
鉢：ワイングラス
資材：カラーサンド、ゼオライト
使用した植物：ストロベリーアー
モンド、アップルベリー、ブルー
サプライズ、斑入りグリーンネッ
クレスなど

Birthday

バースデー

point

スクエアのプランターは、プレゼント
ボックスのイメージ。左側は爪が美し
い赤系のエケベリアを中心に、右側は
バラのような淡いエケベリアを中心
にやさしいトーンでまとめています。

material

鉢:スクエア型プランター
資材:寄せ植え用土、鉢底石
使用した植物:ファイヤーピラー、プ
レリンゼ、コミックトム、レッドベリー、
スプリングワンダーなど(P.20)
風の花、ファラックス静月、オウンス
ロー、プロリフェラ、オーロラなど(P.21)

Halloween

ハロウィン

point

爪が紫のエケベリア ハロウィンをメインに、ハロ
ウィンカラーのオレンジ、紫の植物を配置。背の
高い鉢を使うときは、垂れ下がる植物を手前に植
えてバランスを取りましょう。

material

鉢：ブリキのバケツ
資材：寄せ植え用土、鉢底石
使用した植物：ハロウィン、ダークチョコレート、
モラニー、リトルビューティ、月兎耳(つきとじ)、
斑入りハートカズラ、ブルービーン、仙人の舞、マ
ルバオウゴンなど

Christmas

クリスマス

point

麻紐を丸めて、厚さ1センチほどにネ
ルソルを塗り、団子状に。苗を垂直
にさし、時々手で形を整えながら全
面に植えます。みっちり植え込み、
隙間を作らないように仕上げます。

material

鉢材:麻紐　資材:ネルソル
使用した植物:斑入りタイトゴメ、
レッドベリー、アップルベリー、グリー
ンジェム、ブルービーン、乙女心、パ
キフィルム、クリームソーダ、白雪ミ
セバヤ、ブロウメアナなど

New Year

お正月

point

新年を迎える寄せ植えには、竹に
赤や桜色の植物をあしらった和洋
折衷型がおすすめ。竹の切り口に
合わせて高さを出したり、フラッ
トにしたり、遊びを取り入れるの
もおすすめです。

material

鉢:竹をカットして節に水抜きの
穴をあけたもの、水引き
資材:寄せ植え用土、鉢底石
使用した植物:マカベアナ錦、乙女
心、スノーバニー、レッドベリー、
ブレビフォリウム、サクサグラレ
モスグリーンなど

繁殖力が強い多肉植物を簡単に増やすには？

多肉植物を増やすには、種から育てる「実生」、葉1枚からクローンを作る「葉ざし」、茎をカットする「胴切り」の3つの方法があります。

春に花を咲かせて受粉させて種を作る実生は、初心者さんには少々ハードルが高め。初めてのチャレンジなら、葉ざしがおすすめです。寄せ植えの際に、形を整えるために取り除いた葉を置いておくだけの簡単な方法です。新しい根や葉が出たら、挿し芽用か草花の土にさせばOK。

寄せ植えを作るときに苗の頭をカットした茎に、しばらくすると新しい子株がつく胴切りもまた手軽な方法です。ただしカットした親株は、切り口から水が蒸散するのでこまめな水やりをお忘れなく。

胴切りも葉ざしも、明るめの日陰に置くことと水やりは必須。小さな葉から生まれる新しい命を見届けましょう。

左・右下／花芽についた葉は、葉ざしの成功率が高いのでぜひ葉ざしに活用して。
左下／花を咲かせると株の体力を奪われるので、早めにカットし一輪挿しなどにさして飾るのもおすすめ。

みっちり寄せの作り方から育て方まで、ビギナーでも迷わない
コツとテクニックをたっぷり紹介。まずは基本型から始めましょう。

左／基本のラウンド型。右／セダ
ム中心のフラット型。同じような
鉢で作っても、植え方や植物で雰
囲気が異なります。たくさん並べ
て飾ってみて。

みっちり寄せに必要なもの

みっちり寄せを始める前に、これだけは揃えておきましょう。
園芸店などで手軽に入手できるものばかりです。
最初の鉢は、直径10センチ程度のシンプルなものがおすすめです。

①**霧吹き**：寄せ植え用土の表面を濡らすときに使用。

②**土入れスコップ**：鉢底石や寄せ植え用土を鉢に入れるときに使用。

③**寄せ植え用土**：多肉植物用の土。粒の細かいものがブレンドされているものがおすすめ。

④**鉢底石**：軽石で作られた石（小粒）。根腐れ予防に使用することが多い。

⑤**ブロワー**：苗の表面に付いた汚れを吹き飛ばす道具。

⑥**ピンセット**：小さな苗を取る、植え付ける際に便利。先端はなるべく細いものを。

⑦**はさみ**：苗をカットするときに使用。

⑧**スプーン**：後から少々の土を追加するときに使用。

⑨**固まる土 ネルソル®**：特殊な水溶性ポリマーが配合された壁面緑化用の土。

みっちり寄せ 基本のラウンド型の作り方

みっちり寄せの基本の形は、中央が少し盛り上がったラウンド型。大きめのエケベリアを中央に配し、その周りを小さなセダムで埋めていくイメージです。

〈使用する植物〉

① リトルミッシー
② ミックスセダム
　（ブレビフォリウム、クリームソーダ他）
③ オーロラ
④ パープルヘイズ
⑤ パキフィルム
⑥ 姫秋麗
⑦ マリア
⑧ 桃太郎
⑨ スイレン

直径12センチの陶器鉢

土入れスコップを使い、鉢の底から3センチ程度まで鉢底石を入れる。

その上に寄せ植え用土を鉢のふちまで入れる。

エケベリア3つの配置を決める。背の低い苗を手前にする。

エケベリアをビニールポットから外して土をほぐす。

根をほぐしながら、長すぎる根はカットする。苗の背の高さと同じ長さの根は残しておく。

外側の葉が枯れていたり、色が変わっているものがあるか確認する。

31

7

枯れ葉は途中でちぎれないように根本を持ち、引っ張って取る。

8

色が変わっている葉や傷んでいる葉なども取る。

9

3苗とも根をほぐし、土を落として、枯れ葉を取る。根の長いものは、はさみでカットする。

POINT

10

鉢の上にエケベリア3つをまとめて置き、寄せたときのイメージを作る。

11

両手で持って中心に寄せ、3苗の間に隙間が空かないようしっかりかみ合うように調整する。

12

正面から見たときに手前にくるマリアを持ち、植える部分の土に指でくぼみを作る。

13

左手で苗を持ち、右手で根をやさしく穴の中に入れ、土をかぶせる。

14

左手で苗が動かないように保ちつつ、**13**で入れきれなかった根をピンセットで挟み土に植える。

15

苗を片手で押さえたまま、霧吹きで植えた部分の土を濡らし、土を締める。

2つめの苗を植える部分にピンセットで穴を開ける。

14で植えた苗にしっかり寄り添うように、13〜15の手順で桃太郎を植える。

スプーンで土を追加する。

POINT

2つの苗にしっかり寄り添うように、3つの苗の間に隙間ができない向きを確認する。

12〜15の手順で3つめのスイレンを植える。

メインとなる3つの苗を植えたら、正面から隙間がないか確認。隙間があったらしっかり寄せる。

POINT

オーロラをなるべく長く、株元に近い部分で1本ずつはさみでカットする。

先に植えたエケベリアの高さと揃えるために、土にささる部分の下葉をもぎ取っておく。

茎が長すぎる場合は、葉をもいだ後、茎のみの部分を1.5センチ程度残してはさみでカットする。

25 カットしたオーロラが、先に植えた部分に寄り添うように位置を決める。

26 植える位置にピンセットで穴を開ける。

27 ピンセットで茎を挟み、26で開けた穴に茎を挿して植える。

28 残りのオーロラも25〜27を繰り返して植える。

POINT

29 正面から見て、隙間なく植わっているか確認し、残りのスペースのイメージを作る。

30 パキフィルムを株元に近い部分で、はさみでカットする。

31 土にささる部分の葉をもぎ取る。

32 先に植えた部分に寄り添うような位置に穴を開ける。

33 32で開けた穴にカットしたパキフィルムを植え、周りの土をしっかり押さえる。

34で植えた部分にしっかり寄り添うように、さらにカットしたパキフィルムを植える。

鉢を回して後ろのオーロラの脇にも、カットしたパキフィルムを植える。

オーロラ、エケベリア、パキフィルムの間の隙間を指で軽く押し広げる。

押し広げた部分に、カットしたパキフィルムを植える。

POINT

植えた部分を両手で持ち、中心に寄せるように形を整える。

植えたいスペースに合うサイズの姫秋麗の茎をピンセットで挟んで、ポットから根ごと引き抜く。

土にささる部分の葉をもぎ取る。

植える部分にピンセットで穴をあける。脇の苗が動かないように、反対側の手で支えておく。

そのまま手で支えながら、ピンセットを使って姫秋麗を植える。

43 パープルヘイズの茎をピンセットで挟み、ポットから引き抜く。

44 土が見えている部分に植える。

45 ピンセットを持たない方の手は、先に植えた部分が動かないように添えておく。

46 ミックスセダムの中からクリームソーダの茎をピンセットで挟み、ちぎり取る。

47 土が見えている部分に植える。

48 **46**、**47**を繰り返し、クリームソーダやブレビフォリウムを植える。先に植えた部分の脇に敷き詰めるようにする。

POINT

49 クリームソーダのように葉が細く草のようなセダムは、土にささる部分の葉はもがずにそのまま植える。

50 右利きの人は鉢を時計回りに、左利きの人は鉢を反時計周りに回しながら、鉢の周りに敷き詰めるように植える。

51 植えるうちに苗の重みで土が下がるため、必要に応じて寄せ植え用土をスプーンで足す。

リトルミッシーの茎をピンセットで挟み、ひねるようにカットする。

カットしたリトルミッシーの高さを揃え、数本まとめてピンセットで挟む。

リトルミッシーの茎は細いので、鉢を回しながら隙間があるところに植える。

POINT

鉢を回しながら小さな隙間を探し、リトルミッシーを植える。

寄せ植えした部分を両手でくるむように持ち、隙間がなくなるように中心に苗を寄せる。

中心に寄せることによってできた外側の隙間にリトルミッシーを植える。

隙間にパキフィルムを植える。

残りの隙間にも、ちょうど合うサイズの苗を隙間なくみっちり植える。

隙間なくみっちり植えたら、完成。

みっちり寄せ ドーム型の作り方

基本のラウンド型よりも、全体に丸みを持たせるのがドーム型。ネルソルを使って最初にドーム状に形を整え、土に対して植物を垂直に植えるのがポイントです。

〈使用する植物〉

1. リトルミッシー
2. ミックスセダム（クリームソーダ）
3. 新玉つづり
4. ケープブランコ
5. クラウンボール
6. オウンスロー
7. 新玉つづり
8. トレレアセイ

直径9センチの陶器鉢

1 固まる土・ネルソルに規定量の水を入れ、20分ほど時間を置く。 **POINT**

2 粘着成分が染み出し、土に光沢が出たらOK。

3 鉢にネルソルを入れる。 **POINT**

4 真ん中が高いドーム状に土を整える。

5 オウンスローとクラウンボールをポットから外し、根鉢をほぐして土を落とす。

6 植える位置に、ピンセットで垂直に穴を開ける。

POINT

オウンスローの根を垂直に入れ植える。

7で植えた部分の土をピンセットの柄で押さえて、固定する。

オウンスローの脇に寄り添うように土に垂直に穴をあけ、クラウンボールを植える。

同様に残りのクラウンボールを植え、先に植えた部分の隙間がなくなるように手で寄せる。

新玉つづりを鉢から引き抜き、先に植えた部分に寄り添うように植える。

植えた部分の土をピンセットの柄で押さえて、固定する。

POINT

トレレアセイをポットから引き抜き、同様に植える。

土に対して垂直に植えることで、横から見たときにきれいなドーム型に仕上げることができる。

ケープブランコの茎をピンセットでカットする。

16

先に植えた部分に寄り添うように植える。

17

鉢のふちに植える際は、鉢を斜めに傾け、隙間を作って植える。

POINT

18

苗と苗の隙間をなくすように、一つ植えるごとに鉢の中央に苗をぎゅっと寄せる。

19

新玉つづりをポットから引き抜き、同様に植える。

20

クリームソーダの茎を株元からピンセットでカットする。

21

鉢を傾けながら隙間を作り、土に対して垂直に植える。

22

上から見て、隙間がある部分にクリームソーダやリトルミッシーを植える。

POINT

23

横から見てきれいなドーム型になっているかを確認し、いびつなところはピンセットで高さを調整する。

24

両手で包むように丸く整えたら、完成。

みっちり寄せ フラット型の作り方

セダムを中心に、小さな植物だけで構成したフラット型。山を作らず、全体が平坦になるように垂直に植えるのがポイント。横から形をチェックしながら作りましょう。

〈使用する植物〉

① リトルミッシー
② オーロラ
③ 新玉つづり
④ パキフィルム
⑤ トリカラー

直径8センチの陶器鉢

1
基本のラウンド型と同様に、先に鉢底石を入れて、その上に寄せ植え用土を鉢のふちまで入れ、霧吹きで水をかける。

2
オーロラを穂先から3センチ程度はさみでカットする。その際、色や形のきれいなものを選ぶ。

3
5本カットし、土にささる部分の下葉を茎からもぎ取る。穂の部分と同じ高さにする。

POINT

4
ピンセットを土に垂直にさし、穴を開ける。垂直な穴を作ることで、きれいなフラット型に仕上がる。

5
4で開けた穴にオーロラを植え、周りの土を軽く押さえる。

6
5で植えた部分から1センチ程度離れた位置に、ピンセットで穴を開ける。

7

2つめのオーロラを植える。

8

4、5の手順を繰り返し、残りのオーロラを植える。

9

パキフィルムをはさみで5本カットする。穂の部分がオーロラと同じ高さになるよう下葉を茎からもぎ取る。

10

4、5と同様にパキフィルムをすべて植える。

11

スプーンで寄せ植え用土を足す。

12

新玉つづりをピンセットで土から引き抜く。長い場合ははさみでカットしてもOK。

13

新玉つづりを植える。その際、先に植えたオーロラ、パキフィルムと高さを揃える。

POINT

14

土が見えるところに新玉つづりを植える。その際、同じ苗が隣り合わないように気をつける。

POINT

15

先に植えた苗の高さが揃っているか、真横から確認する。

トリカラーの茎をピンセットで挟んでカットする。

カットしたトリカラーをまだ土が見えている部分にさす。

リトルミッシーをピンセットで挟んでカットする。

POINT

リトルミッシーは、植える部分の周囲の苗を左手の指先で押さえながら植えると、苗の位置の微調整がしやすい。

隙間にリトルミッシーを植える。

土が見えなくなるまで苗を植えたら、完成。

多肉植物の基本の育て方

多肉植物の基本的な育て方を紹介します。品種によって多少の違いはありますが、いちばんの特徴は肉厚な葉や茎で水分を蓄えること。春と秋以外はほとんど水を与えず、風通しや日当たりのいい場所で管理すればいいのであまり手がかかりません。

ただし、枯れることもあれば、害虫の被害に遭うこともあります。みっちり寄せを長く美しくキープするためは、ケアも怠らないようにしましょう。

［エケベリアの１年］

	12月	1月	2月	3月	4月
水やり	土の表面が湿る程度の少量与える →			土が乾いたらたっぷり与える	
場　所	0度以下の場合風を避けられる屋外 →			日当たりのいい屋外	
開花期					
紅葉期					
植え付け					
その他	凍結 →				

［セダムの１年］

	12月	1月	2月	3月	4月
水やり	土の表面が湿る程度の少量与える →			土が乾いたらたっぷり与える	
場　所	0度以下の場合風を避けられる屋外 →			日当たりのいい屋外	
開花期					
紅葉期					
植え付け					
その他	凍結 →				

5 月	6 月	7 月	8 月	9 月	10 月	11 月
		ほぼ与えない		土が乾いたらたっぷり与える		
		炎天下の場合半日陰の屋外		日当たりのいい屋外		
	湿気	直射日光				

5 月	6 月	7 月	8 月	9 月	10 月	11 月
		土の表面が湿る程度の少量与える		土が乾いたらたっぷり与える		
		炎天下の場合半日陰の屋外		日当たりのいい屋外		
		根腐れ				

水やり

　多肉植物は、葉や茎が多肉質で水分を蓄えることができ、一般の草花に比べて水やりの頻度は低めです。

　単体で管理している苗の成長期の水やりは、鉢底まで土が乾いてから底から水が流れ出るくらい与えます。成長期以外は水を吸う量が減るので、土の表面が濡れるくらいの少量をさっと与える程度でOK。土が乾いて生育に必要な水分が足りないといちばん外側の葉の水分を使って命を繋ぐため、外葉に皺が寄ったり、苗がやわらかくなるなどが、水やりの目安になります。

　寄せ植えの場合は、セダムなどの葉が薄いものとエケベリアでは水やりの頻度が異なります。葉が薄く根を切って植えているところは2、3日に一度霧吹きで葉水と土の表面に水をさっと与え、エケベリアなど葉の厚みがある苗がしぼんだように見えたら、鉢底から流れ出るくらいの水を与えましょう。

　ネルソルを使った寄せ植えの場合は、乾くと水をあげても表面から土の中に入らないので、乾かしすぎないように気をつけるか、バケツなどに水をため、鉢ごと水につけます。雨に当ててゆっくり水に濡らす方法でもOKです。

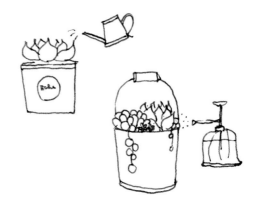

置き場所

　多肉植物の健やかな成長には、光と水分、風通しが大切。屋内ではうまく育たないため、寒冷地を除き、1年を通じて屋外で管理します。基本は日なたで、雨に当たらない軒下がおすすめです。

　夏は明るめの日陰に置き、強すぎる光を遮り、少しでも日中涼しくなるようにします。日陰を作れない場合は遮光ネットなどを活用しましょう。

　冬は最低気温が3度以下になったら、冷たい風を避けられる場所に移動します。夜間は発泡スチロールや新聞などを利用して、保温できる工夫をしておくと安心です。

開花期

　エケベリアの開花期は、おおよそ1〜3月。細長い花芽の茎を伸ばした先に、釣鐘状の花がすずなりに咲きます。

　セダムは少し遅く、3〜4月頃に星型の花を咲かせます。花によって株自体の体力が弱るので、種を取らないのであれば、つぼみのうちに花芽をカットしておきましょう。

　花芽についた葉は葉ざしの成功率が高いので、葉を取って増やす際に使うのがおすすめです。

紅葉期

　多肉植物も一般的な植物同様紅葉します。ただ多肉植物は落葉することなく、時期が過ぎると葉の色が冷めていくのが特徴です。

　中には紅葉しない品種もありますが、よりきれいに紅葉させるには、寒さに当てる、日光に当てる、正しく水やりをすることなどがポイントです。

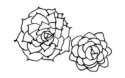

植え付け

　輸入苗で根がないものや、カット苗を購入した場合は、種まき挿し芽用など目の細かい土に植え付けてから、1週間程度で水やりを始めます。

　根がない苗は、日差しが強いところに置くと焦げやすいので、明るめの日陰で管理しましょう。

みっちり寄せのメンテナンス

基本の育て方に加え、メンテナンスをすることで
より長くみっちり寄せを楽しむことができます。

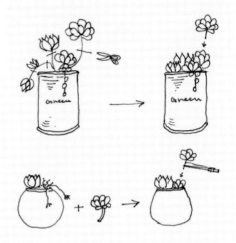

寄せ植えが伸びたら、枯れたら

　寄せ植えをして時間が経過すると、成長とともに背が伸びて
形が崩れたり、一部がダメになって枯れることがあります。
　寄せ植えの形が崩れたら、
①いったん全部抜いて、必要な高さまでカットして植え直す。
②枯れた部分のみ新しい苗を追加して植える。
　などの仕立て直しの作業が必要です。その際、根をいじるこ
とになるので植え替え同様、春と秋の成長期に行いましょう。

肥料のタイミング

　寄せ植えは、成長をゆるやかに保ちつつなるべく形をキープ
したいので、肥料は不要。寄せ植え以外は、植え付け、植え替え
のタイミングに合わせて与えます。
　セダムはエケベリアに比べて繁殖が旺盛で成長スピードも
速いので、成長期に肥料を足す追肥が必要です。肥料の種類は、
効果がゆっくり長く続く緩効性肥料を土に混ぜます。市販の多
肉植物用土には肥料分が含まれるものがあるので、その場合は
肥料を混ぜる必要はありません。

害虫対策

　多肉植物の害虫で代表的なものといえばコナカ
イガラムシとハダニ。どちらも葉の汁を吸い、み
るみる増加します。事前に予防すること、また爆
発的に増える前に早期発見することが大切です。
　コナカイガラムシは柔らかい多肉植物を好み、
ハダニは固い葉のエケベリアなどを好む傾向にあ
ります。日頃から多肉植物をよく観察し、見つけ次
第捕殺すると同時に、コナカイガラムシには事前
に土に混ぜるタイプの殺虫剤オルトラン®、ハダ
ニ対策として散布する殺虫剤などの薬を使って予
防をしましょう。
　どちらの虫も乾燥を好むので、ときどき葉の裏
まで葉水を与えることでもある程度予防できます。

植え替え

　エケベリアやセダムの植え替えは、以下の優先
順位で春と秋の成長期に行います。
①調子を崩した苗
②鉢と苗の大きさがあっていない苗
③根詰まりしている苗
　春の植え替えは、早いタイミングで植え替え、
梅雨入りには根がしっかり伸びているようにす
るのがベストです。植え替えの際には根をやさ
しくほぐし、古い根や傷んでいる根をカット。病
気にかかっていないか、虫がいないかもチェック
しましょう。
　植え替え後の水やりは所説ありますが、根をカッ
トしたものは2、3日後からやるのがおすすめです。

PART.3 | みっちり寄せを作る

どの植物を選ぶか、どんな色でまとめるか、どんな形に仕上げるかなど
コツを知り、自分だけのオリジナルみっちり寄せを作ってみましょう。

春夏におすすめのフレッシュグリー
ンの寄せ植え（左上）と、ダークブ
ラウンのエケベリアをメインにし
た秋色の寄せ植え（右下）。色を揃
えると、きれいにまとまります。

レイアウトを考える〈バランス編〉

　まず最初に、主役になる大きめの植物と主役を引き立てるような相性の植物を選びます。次に、主役よりもひと回り小さめのものや、葉が柔らかく落ちにくい小さめのものを数種類選んでおきます。隙間埋めにも使えるので、形やサイズの異なるものを用意しておくと便利です。

　みっちり寄せに使いたい植物が決まったら、紙に俯瞰図を書いて、一つの植物がいくつ必要か、隣り合う植物の相性はいいかなどと確認しながら、完成したものをイメージしてみましょう。配置をしっかりと決めて一気に植えるほうが、きれいにバランスよく仕上げることができます。

STEP1　主役を選ぶ

エケベリア	セダム
エケベリアの中でも、葉が長すぎず、横から見たときに高すぎないものを選びましょう。また鉢の直径に対して、主役の植物の直径が半分を超えないものを選ぶと、全体のバランスが整います。おすすめはスイレン、静夜、桃太郎、マリアなど。	比較的小さめのセダムの中でも、つぶつぶして葉が鈴なりになっている植物は存在感があります。パープルヘイズなど葉が落ちやすいものは、鉢の中心に植える主役には適さないので注意しましょう。おすすめは乙女心、オーロラ、春霞、ロッティなど。

スイレン　　　　　　静夜

桃太郎　　　　　　マリア

乙女心　　　　　　オーロラ

春霞　　　　　　ロッティ

STEP 2 配置する

エケベリア中心

> **POINT**

主役になる 3 つのエケベリアが三角形を作るように配置し、その際背が低いエケベリアを手前に植えます。奥にはオーロラなど上に向かって育つ植物を、手前には細かなセダムやリトルミッシーなどで隙間を埋めましょう。
詳しい作り方は、P31参照。

主役：①マリア②スイレン③桃太郎
脇役：オーロラ、姫秋麗、パキフィルル、クリームソーダ、リトルミッシーなど

セダム中心

> **POINT**

主役は、つぶつぶがかわいらしい新玉つづりとオーロラ。高さを揃えて同じ植物が隣り合わないように配置してから、主役の間に脇役を植えます。その際、色のバランスを見ながらランダムになるように配置しましょう。
詳しい作り方は、P41参照。

主役：①新玉つづり②オーロラ
脇役：パキフィルム、リトルミッシー、トリカラーなど

レイアウトを考える〈配色編〉

　みっちり寄せを美しく仕上げるためのもう一つの
コツは、配色です。多肉植物の中には1年を通して
ほとんど色が変わらないものがある一方で、真っ赤
に紅葉するものやピンクや紫といったエレガントに

変色するものもあります。
　同系色の濃淡でまとめたり、紅葉期の色を想定し
ながら植物を選ぶと、秋〜冬には違った表情を楽し
めるので、色基準のレイアウトもおすすめです。

〈春〜夏のグリーンの濃淡〉

エケベリア	セダム
ダーククリスマス	松の緑
クリスマスイブ	粉雪
ロンエバンス	マジョール
メキシケンシスザラゴーサ	ロッティ
こころ	樹氷

〈秋〜冬の赤の濃淡〉

エケベリア	セダム
ファイヤーピラー	ファロフォーム
アリエル	レッドベリー
渚の夢	グリーンジェム
ピンクザラゴーザ	パキフィルム
ラウリンゼ	リトルビューティ

濃

淡

〈色の変化があるもの〉

エケベリア	セダム

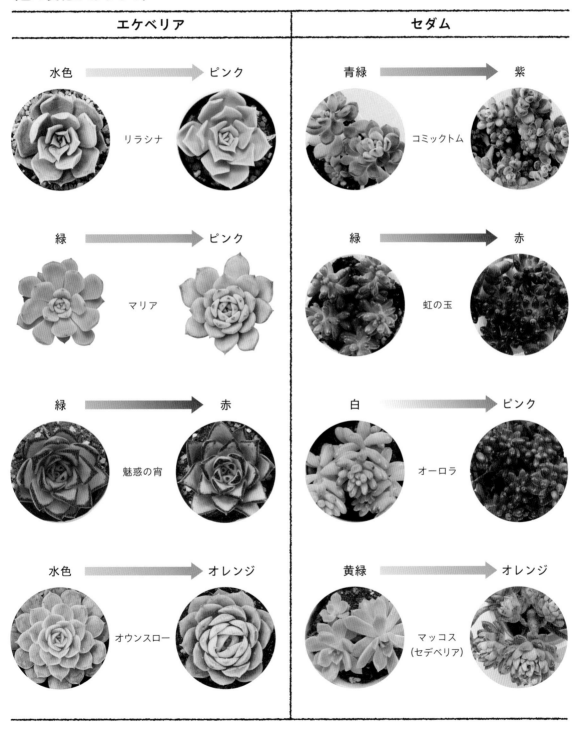

エケベリア

水色 ➡ ピンク
リラシナ

緑 ➡ ピンク
マリア

緑 ➡ 赤
魅惑の宵

水色 ➡ オレンジ
オウンスロー

セダム

青緑 ➡ 紫
コミックトム

緑 ➡ 赤
虹の玉

白 ➡ ピンク
オーロラ

黄緑 ➡ オレンジ
マッコス
(セデベリア)

ペールトーンでまとめる

色のトーンが似たものを集めたみっちり寄せ。
淡いグラデーションにすれば、春を感じるやさしい雰囲気に。
エケベリアをメインにセダムと組み合わせるとエレガントに、
セダムの小さな苗だけなら可憐な雰囲気に仕上がります。

苗の高さをなるべく揃えるのがきれい
に仕上げるコツ。エケベリアを中心に
植え、周りを同じトーンのセダムで埋
めます。高低差を出すと、色合いの淡
い違いがわかりにくくなるので注意。

POINT

苗の並びを不規則にします。ケープブ
ランコを植えてから、姫秋麗を配置。
姫秋麗は葉が落ちやすいので隣の苗に
当たらないように気をつけましょう。

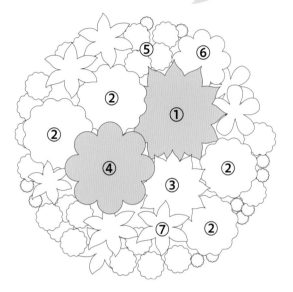

使用植物
①アルバ
②レモンベリー
③エケベリアhyb
④ヒアリナ
⑤ケープブランコ
⑥だるま秋麗
⑦斑入り姫秋麗

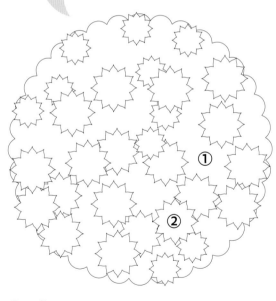

使用植物
①姫秋麗
②ケープブランコ

＊色のついた部分が主役の植物。色がついていないものは主役を立てない構成です。

2〜3色でまとめる

セダムとエケベリアの苗は、形や大きさがさまざま。
色数をたくさん使うよりも2〜3色でまとめると、
それぞれの美しさにスポットを当てることができます。
暖色、寒色などで揃えると、洗練された雰囲気に。

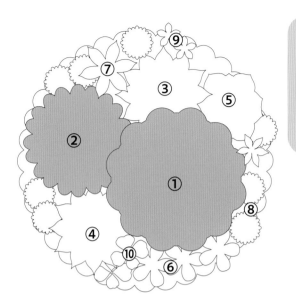

POINT

中心に配したエケベリアと、黄麗など
の大きめの苗はオレンジがかった黄色
で統一。黄緑のセダムで周りを埋めて
さわやかに仕上げています。春から夏
まで楽しめるみっちり寄せです。

使用植物

①Suckyoung
②レッドザラゴーサ hyb
③黄麗
④アガボイデス hyb
⑤黄麗錦
⑥ルベンス
⑦ピンクベリー
⑧クリームソーダ
⑨ブロウメアナ
⑩オウゴンマルバ

POINT

深い茶色が美しいエケベリアのチョコ
レートムース。2つを離して植えるこ
とで全体的な色合いの統一感を出して
います。茶色、赤、オレンジの3色で大
人シックに仕上がります。

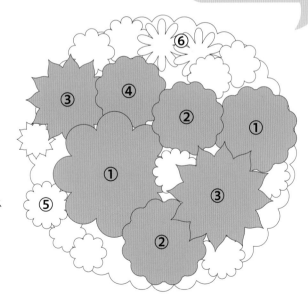

使用植物

①チョコレートムース
②リトルコンチ
③レッドワイン
④オレンジドリーム
⑤ワンダワンダ
⑥ジョイスドロップ

同系色でまとめる

色濃いのパープル、レッド系は、存在感が強いため、
淡い色との相性はいまひとつ。グレイッシュなパープルも、
明るい色と合わせると暗く見えてしまいます。
こういった合わせ方が難しい色は同系色でまとめて
大人っぽく仕上げるのがおすすめです。

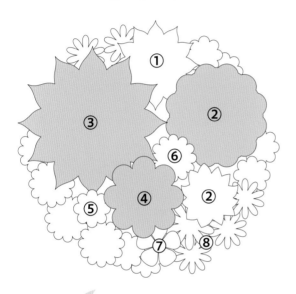

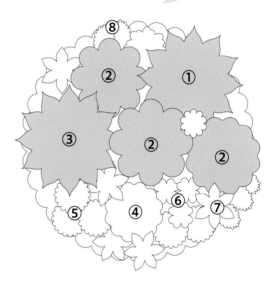

使用植物
① リトルコンチ
② オールドエッグ
③ シャルルローズ hyb
④ ラウレンシス
⑤ チョコレート錦
⑥ パープルドリーム
⑦ パープレウム
⑧ パープルヘイズ

使用植物
① ポセイドン
② スノーバニー
③ パープルディライト
④ ヘレナ
⑤ ブルービーン
⑥ パープルヘイズ
⑦ ケープブランコ
⑧ ブレビフォリウム

同系色で小さくまとめる

手のひらサイズの鉢に細かなセダムを同系色でまとめた
みっちり寄せ。鉢も苗も小さいので、ドーム型に植えると
かわいらしさが引き立ちます。
鉢の色を揃えてたくさん作って飾りましょう。

POINT

オウゴンマルバを小さな
リボンのようにちりばめて。
グリーンと黄色のコントラ
ストがさわやか。

POINT

大きなエケベリアを一つ
植える場合は、中心からず
らしてまとまり過ぎないよ
うに配置を。

POINT

ブルー系でまとめたみっ
ちり寄せ。ペレスデラロサ
エは下葉をもぎ取り、他の
苗と高さを合わせます。

使用植物

①ファイヤーピラー
②コーラルカーペット
③トリカラー

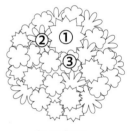

使用植物

①ペレスデラロサエ
②ダシフィルム
③クリームソーダ

使用植物

①タイトゴメ
②オウゴンマルバ
③クリームソーダ

使用植物

①パキフィルム
②ジョイスドロップ
③コーラルカーペット

POINT

プロリフェラは紅葉すると
ピンクになるので、色の変
化も楽しみましょう。

使用植物

①プロリフェラ
②姫秋麗
③トリカラー

POINT

オレンジ〜赤の同系色を
まとめたもの。同じ色が隣
り合わないようにするとい
いバランスに。

コントラストをつける

セダムを中心とした小さな苗を直線的に配置。
ラインごとに色を変えるとコントラストがついて、
小さな花壇のように可憐に仕上がります。
カラーバリエーション豊富なセダムがおすすめです。

使用植物
①クリームソーダ
②マジョール
③ブルービーン
④スノーボール
⑤だるま秋麗

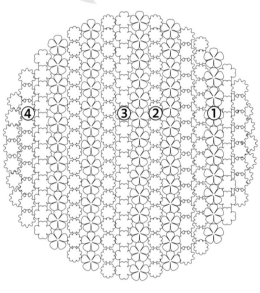

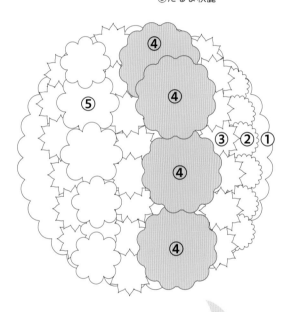

使用植物
①斑入りタイトゴメ
②ゴールデンカーペット
③ドラゴンズブラッド
④コーラルカーペット

最初は小さなセダムも、ぐんぐん巨大化する !?

国内のホームセンターや一般的な園芸店では、直径5〜7センチ程度のポットに入った多肉植物をよく見かけます。エケベリアを種から育てた場合、育てる環境にもよりますが一般的には種まきから1年半でその程度のサイズまで大きくなります。セダムは種で増やすよりも、葉ざしやさし穂で増やすことが多いようです。葉ざしは種からよりも少し短く、1年ほどで出荷となります。

左側の写真はセダムの乙女心です。この植物は、成長とともに茎立ちして下葉を落としながら上に向かっていくのが特徴。成長期に鉢のサイズを大きくしながら植え替えていくと、3年ほどで脇からどんどん子株を出しながら、写真のように直径20センチもの鉢から大きくはみ出すほど成長します。

他にもセダムの中には、乙女心と同様に下葉を落としながら上に向かって成長する品種があります。茎が高くなり、根もどんどん大きくなります。

定期的に植え替え、古い根を整理して新しい根を出させていくことが、多肉植物をより長持ちさせるポイントです。

茎立ちした苗は、横から見たシルエットもかわいい。ピンクベリー、乙女心、マッコス、虹の玉、オーロラ、樹氷、レッドベリー、アップルベリーなどがある。

PART.4 | 多肉植物の図鑑

エケベリア、エケベリアの仲間、セダム、その他の多肉植物に分類し、
寄せ植えで人気の植物127種を集めた図鑑です。
比較的入手しやすいものが多いので、気になる植物をチェックしましょう。

＊各植物の春夏の色と紅葉した秋冬の色を紹介していますが、その年の気候や生育地によって色が変わることがあります。
＊memo部分の「耐寒性」については、6度以上・3度・0度・マイナス3度・マイナス6度で区切っています。マイナス1度が耐えられる
　場合は、やや強めという基準になります。

Summer

Winter

アリエル
ベンケイソウ科エケベリア

丸味があり、肉厚の葉がかわいらしい人気の品種。夏でもピンクがかった淡い緑の葉で、葉先にはピンクの爪がある。紅葉が進むと、オレンジがかったピンクに変化。寄せ植えに使うときは、肉厚な葉同士を組み合わせると、やさしい雰囲気に仕上がる。

memo

耐暑性	弱	強
耐寒性	弱	強
水やり（春～夏）	少	多
（秋～冬）	少	多

アイスピンキー
ベンケイソウ科エケベリア属

グリーンの葉に細い赤いエッジがポイント。紅葉するとほんのりオレンジに染まり、エッジが赤くなる。葉が薄いので水やりを控えると、夏は焦げやすい。土が乾いたらたっぷり水やりをしましょう。

memo			
耐暑性	弱		強
耐寒性	弱		強
水やり（春〜夏）	少		多
（秋〜冬）	少		多

Summer

Winter

オウンスロー
ベンケイソウ科エケベリア属

通常はやや黄色を帯びた爽やかなグリーン。気温低下とともに外の葉からオレンジの強いサーモンピンクに紅葉する。ローラに似た葉の形で、葉先には柔らかな爪がある。子株を足元につけ、群生株となると見ごたえがある。

memo			
耐暑性	弱		強
耐寒性	弱		強
水やり（春〜夏）	少		多
（秋〜冬）	少		多

Summer

Winter

オルペット
ベンケイソウ科エケベリア

平たく幅広い葉は、白い粉をまとう。通常はブルーグレーの色だが、紅葉してくると白い粉をまといつつ淡い紫に変化する。粉は触れると取れるため、水やりや植え替えのときには茎を持ち、葉に触れないように注意。

memo

	弱		強
耐暑性	弱		強
耐寒性	弱		強
水やり（春〜夏）	少		多
（秋〜冬）	少		多

Summer

Winter

クララ
ベンケイソウ科エケベリア属

小さな葉が密にロゼットになっているのが特徴。葉は白が混ざったようなグリーンで、短く背が低い。紅葉が進むと、ミルキーホワイトにほんのりピンクを混ぜたようなニュアンスカラーになり、やさしい雰囲気に。

Summer   Winter

memo

	弱		強
耐暑性	弱		強
耐寒性	弱		強
水やり（春〜夏）	少		多
（秋〜冬）	少		多

クリスマスイブ
ベンケイソウ科エケベリア属

グリーンの葉を彩る細く赤いエッジがポイント。紅葉すると葉は黄みがかり、エッジはさらに赤みを帯びる。葉が固く、ダニ被害を受けやすいのでこまめに葉水を与えるようにしましょう。

Summer   Winter

memo

	弱		強
耐暑性	弱		強
耐寒性	弱		強
水やり（春〜夏）	少		多
（秋〜冬）	少		多

こころ
ベンケイソウ科エケベリア属

シャーベットグリーンの葉先がくびれ、ピンクの小さな美しい爪をもつ。ピンクみが強いものはレッドこころ、という名前でも流通。デレッセーナ、ローラと同じ両親から生まれた三姉妹交配種で、ローラの選抜種という説もある。

memo

	弱		強
耐暑性	●		
耐寒性	●		
水やり (春〜夏)	少		多
(秋〜冬)	少		多

Summer

Winter

サブセシリス
ベンケイソウ科エケベリア属

エケベリア ピーコッキーのひとつ。その中でも大型で、葉が内側にカールするのが特徴。ブルーグレーの葉は、気温が下がるとエッジがピンクになる。0度を下回ると、葉先が寒さで痛みやすいので置き場所に気をつけましょう。

memo

	弱		強
耐暑性	●		
耐寒性	●		
水やり (春〜夏)	少		多
(秋〜冬)	少		多

Summer

Winter

沙羅姫蓮華
さらひめれんげ

ベンケイソウ科エケベリア属

エケベリアラウ065と黒爪ザラゴーサのハイブリッドエケベリア。ラウ065の性質を受け継いで、よく子株を吹き群生して増える。紅葉が進むと、ほんのりピンクに色づくので、小さめのかわいい寄せ植えにおすすめ。

Summer   Winter

memo

耐暑性	弱		強
耐寒性	弱		強
水やり (春〜夏)	少		多
(秋〜冬)	少		多

七福の薔薇

ベンケイソウ科エケベリア属

ライムグリーンでやや透明感のある葉が美しい。三角っぽいの形の葉が密に連なり、秋が深まると、ほんのり桜色へ変化する。背はあまり高くないので、どんな寄せ植えにも使いやすい品種。

Summer   Winter

memo

耐暑性	弱		強
耐寒性	弱		強
水やり (春〜夏)	少		多
(秋〜冬)	少		多

七福美尼
しちふくびに

ベンケイソウ科エケベリア属

エケベリア ピーコッキーとベラの交配種。ピーコッキー（養老）の特徴であるグリーンの葉の先に赤い柔らかな爪を持ち、子株を旺盛に出し、群生する。気温が下がると、少し黄みがかったやさしい色になる。

memo

耐暑性	弱		強
耐寒性	弱		強
水やり (春〜夏)	少		多
(秋〜冬)	少		多

Summer

Winter

シモヤマコロラータ
ベンケイソウ科エケベリア属

メキシコが原産地の中型の品種。桃色の爪にエッジも爪からつながるように桃色が広がる。夏はグリーンにピンクの爪、気温が下がると白桃のような色に染まる。数多くの交配種の親としても使われている。

memo

	弱		強
耐暑性			
耐寒性			
水やり (春〜夏) 少			多
(秋〜冬) 少			多

Summer

Winter

白雪姫
ベンケイソウ科エケベリア

白い粉をまとったピンクがかったグレーの葉で、紅葉するとパステルピンクの可憐な色に。エケベリアの花うららとエレガンスの交配種で、花うららの葉のエッジの赤にエレガンスの透明感が加わり、まさに白雪姫の雰囲気。

memo

	弱		強
耐暑性			
耐寒性			
水やり (春〜夏) 少			多
(秋〜冬) 少			多

Summer

Winter

ジロ
ベンケイソウ科エケベリア属

小さな三角形の葉が、密のロゼットを形成。色は白みがかったブルーグレーで、紅葉するとほんのり紫がかった白いブルーに変化する。葉が密になるので、水やり後の水を葉に貯めっぱなしにしないように注意。

memo		
耐暑性	弱	強
耐寒性	弱	強
水やり (春〜夏)	少	多
(秋〜冬)	少	多

Summer

Winter

スイレン
ベンケイソウ科エケベリア属

透明感のある水色の葉のロゼットが特徴。紅葉時には葉が白くなり、縁取りのピンクが透き通って見えることから、ウォーターリリーという別名があるほど。柔らかい葉に、淡いペールカラーのグラデーションがエレガントな雰囲気を醸し出す。

memo		
耐暑性	弱	強
耐寒性	弱	強
水やり (春〜夏)	少	多
(秋〜冬)	少	多

Summer

Winter

スノーバニー
ベンケイソウ科エケベリア属

白い粉をまとった短く肉厚の葉が、きゅっとしまった中心部からつぼみがほころぶように外葉が開いていくのが特徴。その名の通り、白く透明感のある青白い色で、紅葉すると淡いピンクから藤色が透けて見える。

memo

	弱		強
耐暑性			
耐寒性			
水やり(春〜夏) 少			多
(秋〜冬) 少			多

Summer

Winter

スプレセオリバー／スプルスオリバー
ベンケイソウ科エケベリア属

緑の細長い葉はうっすら起毛し、茎立ちする。紅葉すると、葉裏がボルドーに近い深い赤に染まる。背が高くなりやすいので、寄せ植えでは後ろで使うと、成長しても寄せ植えのアクセントとなるのでおすすめ。

memo

	弱		強
耐暑性			
耐寒性			
水やり(春〜夏) 少			多
(秋〜冬) 少			多

Summer

Winter

静夜

ベンケイソウ科エケベリア

原種のデレンベルギーの和名で静夜。ホワイトグリーンの小さな葉にピンクの繊細な爪を持ち、子株をたくさんつけ群生するのが特徴。気温が下がると葉色がさらに白くなり、より可憐な姿になる。

Summer

Winter

memo

耐暑性	弱		強
耐寒性	弱		強
水やり (春〜夏)	少		多
(秋〜冬)	少		多

相府連

そうふれん

ベンケイソウ科エケベリア属

アガボイデスの系統の中でもとくに赤みが強い品種。光沢のある先のとがった細めの葉が密にロゼットを形成し、蓮の花のような美しい形になる。春から夏にかけては爽やかなグリーン、冬は真っ赤と、色合いの変化も楽しめる。

Summer

Winter

memo

耐暑性	弱		強
耐寒性	弱		強
水やり (春〜夏)	少		多
(秋〜冬)	少		多

ダーククリスマス

ベンケイソウ科エケベリア

つやのあるグリーンの葉に、エッジは赤みのある黒で、紅葉時には赤みが増す。かっちりした葉のため、乾燥しすぎるとダニ被害を受けやすいので、定期的に葉水を。コントラストをつけたい寄せ植えにおすすめ。

Summer

Winter

Summer

Winter

ティッピー
ベンケイソウ科エケベリア属

淡いホワイトグリーンの葉に、ピンクの爪が特徴。紅葉時に
は葉裏もピンクになり、葉もぎゅっと縮こまり、ころんとし
た姿になる。小型で6、7センチ程度のロゼット。花は濃いオ
レンジで花びらの内側は黄色。

memo

耐暑性	弱		強
耐寒性	弱		強
水やり（春〜夏）	少		多
（秋〜冬）	少		多

ティラミス
ベンケイソウ科エケベリア属

韓国生まれの品種。ライトグレーの葉に白い粉をまとった平たいロゼットを形成するので、背の低いエケベリアと合わせると寄せ植えしやすい。気温が下がってくると、ライトグレーからごく淡い藤色に紅葉する。

Summer

Winter

トップスプレンダー
ベンケイソウ科エケベリア属

別名トップシータービー。波打つような形をした葉の先端が花のカーネーションにも似ていることから、母の日の寄せ植えにもおすすめ。寒さには比較的強く丈夫だが、加湿に弱いので風通しを意識しましょう。

Summer

Winter

渚の夢
ベンケイソウ科エケベリア属

セトーサ(青い渚)の交配種。グレーの葉に微毛が生えるが、セトーサよりも短く柔らかい。葉に水が残ると痛みやすく、高温多湿に弱いので注意。しっかり陽に当てると、紫からピンクの美しいグラデーションに紅葉する。

Summer　　　　　Winter

memo

耐暑性	弱		強
耐寒性	弱		強
水やり(春〜夏)	少		多
(秋〜冬)	少		多

花月夜
ベンケイソウ科エケベリア属

エケベリア 花うららと月影の交配種。「かげつや」「はなづきよ」などと読まれるが、後者が作出者の名づけ。小型で、透明感のある丸い葉にピンクのエッジが可憐な印象。紅葉すると、白さが増しほんのりピンクに色づく。

Summer　　　　　Winter

memo

耐暑性	弱		強
耐寒性	弱		強
水やり(春〜夏)	少		多
(秋〜冬)	少		多

パンジー
ベンケイソウ科エケベリア属

フレッシュなライムグリーンの葉で、葉の先に向かってしゅっと細くなるフォルムが特徴。凍結するとダメになることが多いので、0度を下回る際には注意が必要。しっかり陽に当てると、ほんのり柔らかい印象のオレンジに。

memo

耐暑性	弱		強
耐寒性	弱		強
水やり(春〜夏)	少		多
(秋〜冬)	少		多

Summer

Winter

Summer

Winter

ピーチスアンドクリーム
ベンケイソウ科エケベリア属

丸みがかった平たい葉に、細めのエッジが印象的。葉はライトグリーンで、気温が下がってもあまり色みは変わらず、エッジの色だけが濃くなる。成長すると茎立ちする。

memo		
耐暑性	弱	強
耐寒性	弱	強
水やり（春～夏）	少	多
（秋～冬）	少	多

ビアンテ
ベンケイソウ科エケベリア属

エケベリア ザラゴーサとラウイの交配種。粉をまとった真っ白でぷっくりとした肉厚な葉に、黒い爪が点のようについているのが特徴。葉が伸びやすく、きれいに形を整えるには水やりの管理などが少々難しい。

memo

耐暑性	弱		強
耐寒性	弱		強
水やり (春〜夏)	少		多
(秋〜冬)	少		多

Summer

Winter

ピオリス
ベンケイソウ科エケベリア属

グレーの葉にピンクのエッジのロゼットが特徴。紅葉するとグレーが淡くなり、爪を中心にピンクに染まる。薄く粉をまとったミルキーな色のむっちりした葉は丈夫で、暑さ寒さにも比較的強く、病気にもなりにくい。

memo

耐暑性	弱		強
耐寒性	弱		強
水やり (春〜夏)	少		多
(秋〜冬)	少		多

Summer

Winter

Summer

Winter

ピンウィール
ベンケイソウ科エケベリア属

ミニマと並ぶ小型のエケベリアの代表格。小さな葉が密に
詰まったロゼットが美しく、青みがかったグレーの葉が特徴。
紅葉するとエッジは赤く、葉はピンクに染まる。暑さや蒸れ
に弱く、寒さに当てると葉先が痛みやすいデリケートな品種。

memo		
耐暑性	弱	強
耐寒性	弱	強
水やり（春〜夏）	少	多
（秋〜冬）	少	多

ピンクザラゴーサ
ベンケイソウ科エケベリア属

韓国生まれの品種。白雪姫の葉をより細くした感じで、ピンクのエッジと細い繊細な爪をもつ。紅葉すると、白雪姫のような白さに近づき、爪とのコントラストが際立ち、より美しさが増す。

memo

耐暑性	弱		強
耐寒性	弱		強
水やり (春～夏)	少		多
(秋～冬)	少		多

Summer

Winter

ファイヤーピラー
ベンケイソウ科エケベリア属

エケベリア属アガボイデス系の交配種。夏でも赤さを保つが、気温が低下してくると、紅に染まる美しい品種。乾燥気味に育てるのが基本だが、夏はダニが繁殖しやすいので、定期的に葉水を与えて予防対策をしましょう。

Summer

Winter

memo

耐暑性	弱		強
耐寒性	弱		強
水やり (春～夏)	少		多
(秋～冬)	少		多

ファラックス静月（せいげつ）
ベンケイソウ科エケベリア属

エケベリア属の静夜と月影の交配から生まれた品種。ブルーグレーの薄い葉のロゼットに、エッジの透明感が美しい。気温が下がるとぎゅっと縮こまり、白さが増してほんのりピンクに紅葉する。

Summer

Winter

memo

耐暑性	弱		強
耐寒性	弱		強
水やり (春～夏)	少		多
(秋～冬)	少		多

ブルーエルフ
ベンケイソウ科エケベリア属

韓国からの輸入種。肉厚の細長い葉の先にピンクの爪、ブルーグリーンの葉は紅葉すると白い粉がのり、全体的に淡い色になる。下葉を落としながら茎は上に伸びてくるので、寄せ植えでは後ろで使いましょう。

Summer   Winter

memo

耐暑性	弱		強
耐寒性	弱		強
水やり（春〜夏）	少		多
（秋〜冬）	少		多

ブルーミニマ
ベンケイソウ科エケベリア属

エケベリア属の中でも原種のミニマは、小型で小さな葉っぱが密に連なるロゼットが美しい品種。顔違いや色違い、交配種でさまざまな名前で流通しており、ブルーミニマもそのひとつ。小さな子苗を足元につけ、群生で増える。

Summer   Winter

memo

耐暑性	弱		強
耐寒性	弱		強
水やり（春〜夏）	少		多
（秋〜冬）	少		多

ブルーバード
ベンケイソウ科エケベリア属

カンテとサブセシリスの交配という説と、コロラータとピーコッキーの交配という説がある。外葉が垂れ下がりやすく、茎立ちする性質とあいまってスカートを穿いたような姿に。紅葉し始めると苗が中心からしまり、整う。

Summer

Winter

プレリンゼ
ベンケイソウ科エケベリア属

日本に古くから存在する交配種で、花うららとリンゼアナ
が交配親。グリーンの葉に赤いエッジ、むっちりとした葉が
特徴で初心者にも育てやすい品種のひとつ。子株を出して
群生する。紅葉するとこのエッジがさらに赤く染まる。

memo		
耐暑性	弱	強
耐寒性	弱	強
水やり (春〜夏)	少	多
(秋〜冬)	少	多

Summer

Winter

紅化粧
ベンケイソウ科エケベリア属

エケベリア ムルティカウリスとデレンベルギーの交配種。
ムルティカウリスのグリーンの葉で立木性の性質とデレン
ベルギーの可憐なロゼットを受け継いでいる。10センチほ
どの高さになるため、箱庭のような寄せ植えに使いやすい。

memo		
耐暑性	弱	強
耐寒性	弱	強
水やり (春〜夏)	少	多
(秋〜冬)	少	多

Summer

Winter

星影
ベンケイソウ科エケベリア属

エケベリア属エレガンスと同種の品種で、別名ポトシナ。気温が低下してくると苗がしまり、ほんのりブルーがかった白のグラデーションが美しい葉になる。上から見ると、星のような形にも見え、寄せ植えのメインになる品種。

memo

	弱		強
耐暑性	弱		強
耐寒性	弱		強
水やり（春〜夏）	少		多
（秋〜冬）	少		多

Summer

Winter

魅惑の月
ベンケイソウ科エケベリア属

別名ムーンガドニス エッシャー。エケベリア 花うららと静夜の交配種で、赤いエッジをもつ丸みのある葉の形が特徴。全体的に白っぽくエレガントな印象で、紅葉するとエッジと葉裏が赤く染まり、より美しく変化する。

Summer　　　　　Winter

memo

	弱		強
耐暑性	弱		強
耐寒性	弱		強
水やり（春〜夏）	少		多
（秋〜冬）	少		多

魅惑の宵
ベンケイソウ科エケベリア属

葉の先端がシャープで、エッジが赤いリップを塗っているように縁取りされており、リップスティックという名前でも流通していた品種。気温が下がると、赤いエッジが黒っぽくなり迫力が増す。大型で、25センチ以上のものもある。

Summer　　　　　Winter

memo

	弱		強
耐暑性	弱		強
耐寒性	弱		強
水やり（春〜夏）	少		多
（秋〜冬）	少		多

Summer

Winter

マリア
ベンケイソウ科エケベリア属

韓国産の桃太郎によく似たエケベリアで、桃太郎よりも小ぶりで柔らかな爪がある。紅葉するとピンクに染まる寄せ植えの主役におすすめの苗。

memo		
耐暑性	弱	強
耐寒性	弱	強
水やり (春〜夏)	少	多
(秋〜冬)	少	多

メキシケンシスザラゴーサ
ベンケイソウ科エケベリア属

小さな三角形のブルーの葉に赤い爪のコントラストが美しい。気温が下がると全体に白さが増し、さらに爪も赤く染まる。葉が短く背丈が低いのも特徴。ピンクザラゴーサと形はほぼ同じだが、ピンクには染まらない。

Summer

Winter

memo

	弱		強
耐暑性	弱		強
耐寒性	弱		強
水やり (春〜夏)	少		多
(秋〜冬)	少		多

メランコリー
ベンケイソウ科エケベリア属

エケベリア リラシナやプラチナドレスのようなブルーグレーの葉がたくさん連なり、白い粉をまとったロゼットが特徴。気温が下がると、中心から葉のエッジを中心にピンクに色づく。色の変化はリラシナに似ている。

Summer

Winter

memo

	弱		強
耐暑性	弱		強
耐寒性	弱		強
水やり (春〜夏)	少		多
(秋〜冬)	少		多

桃太郎
ベンケイソウ科エケベリア属

園芸品種のエケベリアとして流通している普及種として入手しやすく、価格的にも寄せ植え材料として使いやすい。エケベリアのコロラータとチワワエンシスの交配とされている。緑の葉にくっきりとした赤みの強い爪がある。

memo

	弱		強
耐暑性	弱		強
耐寒性	弱		強
水やり (春〜夏)	少		多
(秋〜冬)	少		多

Summer

Winter

雪影
ベンケイソウ科エケベリア属

アイスグリーンの細くて長めの葉が密にあり、足元にたくさんの子株をつけて群生する。そのため、きれいなロゼットにはなりにくい。寄せ植えで使うよりも、単体で増やしたほうが管理がしやすい品種。

memo

	弱		強
耐暑性			
耐寒性			
水やり (春〜夏)	少		多
(秋〜冬)	少		多

Summer

Winter

リラシナ
ベンケイソウ科エケベリア属

メキシコ原産の原種エケベリア。白い粉をまとい、少しカールして、葉先に向かって細くなる姿がエレガントなエケベリアの代表的なもののひとつ。紅葉すると中心がピンクに染まり、全体的に白さが増す。繊細な佇まいではあるが、育てやすい品種。

memo

	弱		強
耐暑性			
耐寒性			
水やり (春〜夏)	少		多
(秋〜冬)	少		多

Summer

Winter

Summer

Winter

ラウリンゼ
ベンケイソウ科エケベリア属

むっちりとした葉は、白い粉が乗ったブルーグレイで丸い
形が特徴。丈夫で育てやすいので初心者にもおすすめの品種。
完成株は25センチにもなり、背も高くなるので、寄せ植えで
は同じく背が高めのものを合わせるとよい。

memo

	弱		強
耐暑性	弱		強
耐寒性	弱		強
水やり（春〜夏）	少		多
（秋〜冬）	少		多

リンゼアナ
ベンケイソウ科エケベリア

エケベリアを代表する原種コロラータの選抜種。コロラータより幅広く短く厚みのある葉があり、エッジと葉裏は赤く染まる。完成形は20センチにもなり、子株も出して群生する。桃太郎の父親としても知られる。

memo

耐暑性	弱		強
耐寒性	弱		強
水やり(春〜夏)	少		多
(秋〜冬)	少		多

Summer

Winter

ロレナ
ベンケイソウ科エケベリア

グリーンの葉につやのある赤い細めのエッジのコントラストが美しい。葉先に向かって細くなるため、シャープな印象がある品種。葉は薄く、春にしっかり水やりをすることで葉数を増やすと、よりエッジの美しさが増す。

Summer　　　　　Winter

memo

耐暑性	弱		強
耐寒性	弱		強
水やり(春〜夏)	少		多
(秋〜冬)	少		多

ロンエバンス
ベンケイソウ科エケベリア

エケベリア セトーサとアモエナの古くからある交配種のひとつ。濃いめのグリーンにオレンジの柔らかな印象の爪のコントラストがかわいらしい。気温が下がると、外葉から鮮やかなオレンジに紅葉する。

Summer　　　　　Winter

memo

耐暑性	弱		強
耐寒性	弱		強
水やり(春〜夏)	少		多
(秋〜冬)	少		多

アイスクリーム
ベンケイソウ科パキベリア属

パキベリア属はエケベリア属とパキフィツム属の属間交配で、白いボディにむっちりとした肉厚の葉が魅力的。加湿に弱いため長雨に当てないように注意しましょう。背が高くなるので、寄せ植えでは後ろに入れるのがおすすめ。

Summer

Winter

オパリナ
ベンケイソウ科グラプトベリア属

グラプトベリア属は、エケベリア属とグラプトペタルム属の属間交配。夏は黄色っぽいグレーに、秋冬はパープル系ブルーに色づく。加湿に弱いため長雨に当てないように注意。背が高くなるため、寄せ植えでは後ろに。

Summer   Winter

樹氷
ベンケイソウ科セデベリア属

セデベリア属とは、セダムとエケベリアの属間交配種。セダムの育てやすい特性にエケベリアの繊細な華やかさを合わせもつ。葉数を増やしながら上に向かって成長する。凍結に弱いので、夜間の置き場所に注意。

Summer   Winter

  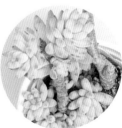

スノージェード
ベンケイソウ科セデベリア属

ハンメリーという名でも流通。色はライムグリーン、新玉づづりと似たような色合いだが、こちらの方が大きめ。葉先に向かって細くなる姿は雪の結晶のようにも見える。紅葉すると白くなり、淡い桜色に染まる。

memo

	弱		強
耐暑性			
耐寒性			
水やり (春〜夏)	少		多
(秋〜冬)	少		多

Summer

Winter

チョコレート錦
ベンケイソウ科グラプトベリア属

チョコレート色の葉の中央に斑が入った色のコントラストが美しい交配種。ぷっくりとした葉には光沢があり、紅葉すると斑の部分がピンクに染まる。霜に当てると葉が痛むので、夜間の置き場所に注意しましょう。

Summer

Winter

memo

	弱		強
耐暑性			
耐寒性			
水やり (春〜夏)	少		多
(秋〜冬)	少		多

トップシーデビー
ベンケイソウ科グラプトベリア属

グラプトベリアのデビーとトップスプレンダーの交配種。デビーの葉色とトップスプレンダーの葉の形を受け継いでいる。通常はグレーがかった紫で、気温が下がると赤みの入った紫に変化。茎立ちして上に向かって成長する。

Summer

Winter

memo

	弱		強
耐暑性			
耐寒性			
水やり (春〜夏)	少		多
(秋〜冬)	少		多

パープルドリーム
ベンケイソウ科グラプトベリア属

通常は紫がかったグリーンの肉厚の葉が、紅葉すると全体が赤紫に変化する。肥料を少なめにし、よく日に当てて育てるとぎゅっとしまってころころとしたかわいい姿になる。蒸れやすいので、夏の置き場所には注意。

Summer   Winter

	弱		強
耐暑性	弱		強
耐寒性	弱		強
水やり (春〜夏)	少		多
(秋〜冬)	少		多

ピンクルルビー
ベンケイソウ科グラプトベリア属

アメリカ原産。別名バッシュフルといい、「恥ずかし気にはにかむ」という意味がある。薄く頬を染めたようにぷくぷくとした肉厚の葉は、通常グリーンだが寒さとしっかり日に当てると赤く染まる。寄せ植えに使いやすい。

Summer   Winter

	弱		強
耐暑性	弱		強
耐寒性	弱		強
水やり (春〜夏)	少		多
(秋〜冬)	少		多

白牡丹
ベンケイソウ科グラプトベリア属

その名の通り、牡丹の花のようにきれいなロゼットが特徴。朧月（おぼろづき）×静夜によって作られた交配種で普及種。非常に丈夫だが、長雨に当てると蒸れてバラバラになることもあるので、水はけのよい土に植えましょう。

Summer

Winter

ファンファーレ
ベンケイソウ科セデベリア属

中米原産で、ミントグリーンの細葉が涼し気な雰囲気。気温が下がって紅葉すると、白みがかってくる。下葉を落としながら上に向かって成長し茎立ちするので、寄せ植えには後ろ側や背景として使いましょう。

	弱		強
耐暑性	弱		強
耐寒性	弱		強
水やり (春〜夏)	少		多
(秋〜冬)	少		多

Summer

Winter

マッコス
ベンケイソウ科セデベリア属

別名マイアレン。短い茎から旺盛に子株を出し幹立ちし、上に向かって成長する。厚みのあるマスカットグリーンの葉は、紅葉すると葉のふちからオレンジに染まる。葉も落ちにくく寄せ植えにも使いやすい。

	弱		強
耐暑性	弱		強
耐寒性	弱		強
水やり (春〜夏)	少		多
(秋〜冬)	少		多

Summer

Winter

Summer

Winter

マーガレットレッピン
ベンケイソウ科グラプトベリア属

きれいに整ったロゼットが特徴で、エケベリアと間違えら
れることが多い品種。エケベリアの繊細さとグラプトベリ
アの強健なよいところを受け継いでおり、よく増え、丈夫で
非常に育てやすい。

memo

	弱		強
耐暑性			
耐寒性			
水やり（春～夏）	少		多
（秋～冬）	少		多

マッコス錦
ベンケイソウ科セデベリア属

セデベリアのマッコスに覆輪黄斑(ふくりんおうはん)の斑入りの品種。よく日に当てて育てるとむっちりとしてぎゅっとしまった姿になる。斑の部分が焦げやすいため、夏は明るめの日陰に置き、冬は夜間の低温や凍結に注意。

memo

	弱		強
耐暑性	弱		強
耐寒性	弱		強
水やり(春〜夏)	少		多
(秋〜冬)	少		多

Summer

Winter

レティジア
ベンケイソウ科セデベリア属

三角形の葉がきれいなロゼットになっており、葉の色はグリーン、エッジはうっすら赤い。上に成長しながら茎立ちする。寒さに当てて、一日の気温差が大きくなると赤の部分がさらに赤みを増し、美しく紅葉する。

Summer　　　　Winter

memo

	弱		強
耐暑性	弱		強
耐寒性	弱		強
水やり(春〜夏)	少		多
(秋〜冬)	少		多

ラブリーローズ
ベンケイソウ科グラプトベリア属

ローズとつくだけあり、バラのつぼみがほころんでいるような形をしている。上に向かって茎立ちし、非常に太くしっかりしている。紅葉すると白さが増し、白バラのようなエレガントな雰囲気となる。

Summer　　　　Winter

memo

	弱		強
耐暑性	弱		強
耐寒性	弱		強
水やり(春〜夏)	少		多
(秋〜冬)	少		多

アップルベリー
ベンケイソウ科セダム属

紅葉すると透明感のあるジェリービーンズのようなやさしい赤のつぶつぶが、まあるく鈴なりになる。虹の玉とレッドベリーとの見分けが難しいが、虹の玉より葉数が多く、レッドベリーよりも粒が大きく透明感がある。

Summer

Winter

 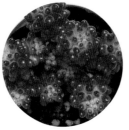

memo

	弱		強
耐暑性	弱		強
耐寒性	弱		強
水やり (春〜夏)	少		多
(秋〜冬)	少		多

アポレイポン
ベンケイソウ科セダム属

淡い黄色がかった若草色の細葉だが、万年草系の細葉のセダムよりも葉の厚みがあり、水やりの管理がしやすい。ただし、水やり後の蒸れには注意。夏前に株元を透かして風通しをよくすると夏越ししやすくなる。

Summer

Winter

 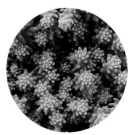

memo

	弱		強
耐暑性	弱		強
耐寒性	弱		強
水やり (春〜夏)	少		多
(秋〜冬)	少		多

オーロラ
ベンケイソウ科セダム属

虹の玉の斑入りの品種。形は同じで、色合いは光沢のあるやさしい白〜ピンクのグラデーション。紅葉するとピンクみが強くなる。斑入りの多肉は、葉ざしで増やすと先祖返りして虹の玉に戻る。増やすときは挿し穂で。

memo

	弱		強
耐暑性	弱		強
耐寒性	弱		強
水やり (春〜夏)	少		多
(秋〜冬)	少		多

Summer

Winter

Summer

Winter

乙女心
ベンケイソウ科セダム属

その名の通り、乙女が頬を染めるように葉の先がほんのり
ピンクに染まり、その部分が気温の低下とともに赤く変化
する。恋心と形が似ているが、こちらの方が全体的に色づく。
群生させた木立ちのものは箱庭や寄せ植えに大人気。

memo

耐暑性	弱	強
耐寒性	弱	強
水やり (春〜夏)	少	多
(秋〜冬)	少	多

オウゴンマルバ
ベンケイソウ科セダム属

万年草と並んでポピュラーな品種で、グラウンドカバーにも使われる。黄金の名の通り、鮮やかな黄色の薄くて丸い葉が特徴的。細かな黄色い花をつけるが、花芽は早めにカットするほうがよい。

memo

	弱		強
耐暑性			
耐寒性			
水やり (春〜夏)	少		多
(秋〜冬)	少		多

Summer

Winter

オレンジドリーム
ベンケイソウ科セダム属

ぷっくりとした葉の外側はオレンジ、内側はグリーンで、薄く起毛している。気温が低下するとオレンジが鮮やかになり、ぷっくりとした葉をつけながら上に向かって成長する。背が高いので寄せ植えでは背面に入れましょう。

memo

	弱		強
耐暑性			
耐寒性			
水やり (春〜夏)	少		多
(秋〜冬)	少		多

Summer

Winter

Summer

Winter

グラウコフィラム
ベンケイソウ科セダム属

シックな色合いの薄い葉が幾重にも重なり、小花のようにも
見える姿が印象的。夏は黄緑色で、気温が下がるとシルバー
グレーに変化する。しっかり日に当てて育てると、中心がし
まってよりシックな色合いになる。

memo

耐暑性	弱		強
耐寒性	弱		強
水やり (春〜夏)	少		多
(秋〜冬)	少		多

Summer

Winter

クリームソーダ
ベンケイソウ科セダム属

柔らかなライムグリーンに、クリームソーダの泡がはじける
ようにペールイエローの黄斑が入った細葉が特徴。同じ斑
入りのミルクゥージよりも葉がしっかりして茎が太いため、
寄せ植えに使いやすい。

memo

耐暑性	弱	強
耐寒性	弱	強
水やり (春〜夏)	少	多
(秋〜冬)	少	多

グリーンジェム
ベンケイソウ科セダム属

クリーム色にオレンジの丸い爪が特徴的。ロッティとクラバツムに近い色合いで、大型のパキフィルムのような姿がかわいらしい。寒さに弱く、凍結に注意。肥料を切り気味に日に当てると葉の外側はオレンジになる。

Summer　　　　　　　　Winter

 memo

	弱		強
耐暑性	●		強
耐寒性	●		強
水やり(春〜夏)	少		多
(秋〜冬)	少		多

グリーンローズ
ベンケイソウ科セダム属

直径3〜4センチのロゼットが美しい。普段はグリーンで開き気味だが、気温が低下するとロゼットがしまり赤く染まる。上に向かって育つため、寄せ植えでは乱れてきたら切り戻し、高さを調整するとよい。

Summer　　　　　　　　Winter

memo

	弱		強
耐暑性	弱		強
耐寒性	弱		強
水やり(春〜夏)	少		多
(秋〜冬)	少		多

ケープブランコ
ベンケイソウ科セダム属

白い粉をまとう厚みのある葉が、小さめのロゼットを作る。高さはあまり出ず、群生して広がっていくため、寄せ植えにも使いやすい。カットして増やすときに茎の途中でカットすると根が出にくくなる。

memo

	弱		強
耐暑性	弱		強
耐寒性	弱		強
水やり(春〜夏)	少		多
(秋〜冬)	少		多

Summer

Winter

コーラルカーペット
ベンケイソウ科セダム属

別名六条万年草。原産地は中米で非常に強健。小さなつぶつぶを金平糖のように密集させた葉は、夏はチョコレートのような色、寒くなるとぎゅっと全体がしまり、まさにサンゴのカーペットのように真っ赤に染まる。

memo

	弱		強
耐暑性			
耐寒性			
水やり（春〜夏）	少		多
（秋〜冬）	少		多

Summer

Winter

粉雪
ベンケイソウ科セダム属

上から見ると、小さな星型のようなロゼットを形成している。水を切りめに日当たりのよいところで育てると、粉雪がうっすら積もったような色合いに変化する。背が高くなりやすいので、寄せ植えでは切り戻すとよい。

memo

	弱		強
耐暑性			
耐寒性			
水やり（春〜夏）	少		多
（秋〜冬）	少		多

Summer

Winter

コミックトム
ベンケイソウ科セダム属

細長い青白い葉の先がほんのり赤みがかり、茎立ちして群生する。白い粉をまとった葉に水がかからないように水やりすると、粉がとれずきれいに育てることができる。気温の低下とともに葉先が紫に紅葉する。

Summer　　　　　　Winter

memo

耐暑性	弱		強
耐寒性	弱		強
水やり (春〜夏)	少		多
(秋〜冬)	少		多

サクサグラレモスグリーン
ベンケイソウ科セダム属

ごく小さな葉が、上から見ると星型で上か下に向かって、らせん状に連なる面白い形。葉が落ちにくく、ピンセットではさみやすく、ほかの草系セダムよりも水もちがいいこともあり、寄せ植えに使いやすい。

Summer　　　　　　Winter

memo

耐暑性	弱		強
耐寒性	弱		強
水やり (春〜夏)	少		多
(秋〜冬)	少		多

ジョイズドロップ
ベンケイソウ科セダム属

ジョイススツーロ、ジョイスタロックなどさまざまな読み方で流通している。葉の内側が黄色、外側が赤と一枚の葉の内側と外側で色が違うのが特徴的。葉ざしでもさし穂でもよく増え、株元に子株を出しながら群生する。

Summer　　　　　　Winter

memo

耐暑性	弱		強
耐寒性	弱		強
水やり (春〜夏)	少		多
(秋〜冬)	少		多

ステフコ
ベンケイソウ科セダム属

ごくごく小さなつぶつぶが赤い茎にみっちり連なる。アルブムの種類に似ているが、それよりもさらに一粒が小さい。気温が下がると、苗の一番上の成長点にあたりの新芽が黄色、外の葉は赤くなる。凍結に注意。

Summer　　　　　　Winter

memo

耐暑性	弱		強
耐寒性	弱		強
水やり (春〜夏)	少		多
(秋〜冬)	少		多

Sedum

Summer

Winter

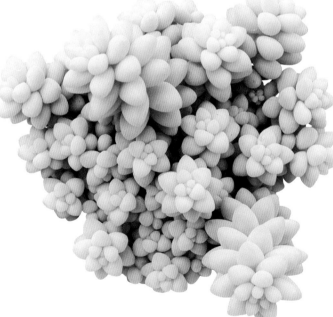

新玉つづり
しんたま

ベンケイソウ科セダム属

ビアホップという名でも流通。シャインマスカットのような
つぶつぶの肉厚の葉がいったん上に立ち上がり、その後
お辞儀をするように鉢からこぼれるように成長する。寒さ
に弱く、凍結しやすいので注意が必要。

memo			
耐暑性	弱		強
耐寒性	弱		強
水やり (春～夏)	少		多
(秋～冬)	少		多

スプリングワンダー
ベンケイソウ科セダム属

密についた葉は小さなハート型で、外側は赤、内側は黄緑。紅葉すると全体的に赤く染まる。肉厚な葉は柔らかく、上にいったん成長し、その後枝垂れてくる。夏の高温多湿にも、氷点下の凍結にも注意。

memo		
耐暑性	弱 ▭▭▭	強
耐寒性	弱 ▭▭	強
水やり（春〜夏）	少 ▭▭▭	多
（秋〜冬）	少 ▭	多

Summer

Winter

タイトゴメ
ベンケイソウ科セダム属

お米のような形の葉が特徴で、一年を通して濃いグリーン。葉につや感があり、いつでもみずみずしく見える。似ているものにオカタイトゴメがある。斑入りは夏越しが難しく、置き場所に配慮が必要。

Summer　　　　Winter

memo		
耐暑性	弱 ▭▭▭▭▭	強
耐寒性	弱 ▭▭▭▭▭	強
水やり（春〜夏）	少 ▭▭▭	多
（秋〜冬）	少 ▭▭	多

玉葉（たまば）
ベンケイソウ科セダム属

暗めの赤いつぶつぶした葉を持ち、上に成長する。夏は緑みが強いが、秋になるとぎゅっとしまったコロコロの葉がシックなボルドーワインのような色合いに紅葉する。葉が落ちにくく、寄せ植え初心者にも使いやすい。

Summer　　　　Winter

memo		
耐暑性	弱 ▭▭▭▭	強
耐寒性	弱 ▭▭▭	強
水やり（春〜夏）	少 ▭▭	多
（秋〜冬）	少 ▭	多

トリカラー
ベンケイソウ科セダム属

その名の通り、グリーン、白、ピンクの3色で葉が構成されている。姿はドラゴンズブラッドとほぼ同じだが、葉の大きさが一回り小ぶり。紅葉するとピンクの部分が増え、非常にフェミニンな印象になる。
※フェディムス属に変更されています。

Summer

Winter

memo

	弱		強
耐暑性	弱		強
耐寒性	弱		強
水やり（春～夏）	少		多
（秋～冬）	少		多

ドラゴンズブラッド
ベンケイソウ科セダム属

年間を通じて茶色～茶褐色。薄い葉を交互に密集させて上に向かって成長する。葉の先にごくゆるくフリルがかっているのも特徴。気温の低下とともに葉を落とし、茎のみで越冬する。葉が薄いため、水やり頻度に注意。
※フェディムス属に変更されています。

Summer　　　　　Winter

memo

	弱		強
耐暑性	弱		強
耐寒性	弱		強
水やり（春～夏）	少		多
（秋～冬）	少		多

パープルヘイズ
ベンケイソウ科セダム属

通常はグリーンのぷっくりとした葉だが、気温が下がると徐々にパープル～ブルーグリーンのグラデーションに変化し、紫に染まる。葉が落ちやすいが、葉ざしで増えるので、落ちた葉もそのまま増やすのがおすすめ。

Summer　　　　　Winter

memo

	弱		強
耐暑性	弱		強
耐寒性	弱		強
水やり（春～夏）	少		多
（秋～冬）	少		多

トレレアセイ
ベンケイソウ科セダム属

別名天使の雫といい、淡いライムグリーンのぷっくりとした葉が特徴的。日当たりを好み、光が足りないと葉と葉の間隔がひらく徒長をしやすい品種でもある。上に向かって成長するため、寄せ植えでは背面、後ろ側に入れましょう。

Summer

Winter

Sedum

虹の玉
ベンケイソウ科セダム属

メキシコ原産で暑さ寒さに強く、初心者でも育てやすい品種。春夏はつやのあるグリーンで、秋冬になると赤く色づき「クリスマスのごちそう」ともいわれる。茎立ちして上向きに成長し、葉ざしで簡単に増やすこともできる。

Summer

Winter

春霞
ベンケイソウ科セダム属

春萌とスプリングワンダーの交配種。春萌よりも小型で、葉も短め。色は春萌のライムグリーンにミルクを混ぜたような淡いトーンで、葉の先にオレンジの点がある。紅葉するとクリームがかった白になる。

Summer

Winter

ヒスパニカム
ベンケイソウ科セダム属

細い葉が連なるように星型をしているのが特徴。育て方や育った環境によって色合いや葉の密度が変わり、乾燥気味に痩せた土で育てると、葉先がコロコロとして葉に厚みが増してくる。

Summer

Winter

ピンクベリー
ベンケイソウ科セダム属

小さな葉がぎゅっと密集したロゼットが特徴で、上に向かって成長する。若い株は紅葉せずにライムグリーンのままだが、熟成すると、日に当て寒さに当てると葉のエッジから明るいピンクに染まる。

Summer

Winter

耐暑性	弱		強
耐寒性	弱		強
水やり（春〜夏）	少		多
（秋〜冬）	少		多

ファロフォーム
ベンケイソウ科セダム属

ヨーロッパ原産で各地に広く分布する品種。セダム アルブムのうち、ごくごく小さな葉が密につき、冬はつやのある赤に紅葉する。耐寒性耐暑性ともに、強健。5月ごろには小さな白い花が咲く。

Summer

Winter

memo

耐暑性	弱		強
耐寒性	弱		強
水やり（春〜夏）	少		多
（秋〜冬）	少		多

フイリマルバ
ベンケイソウ科セダム属

九州から本州にかけて自生している丸葉万年草の斑入り品種。匍匐（ほふく）で広がり、丸くて薄い葉をつける。色はライムグリーンでエッジがホワイト、丸葉万年草と比べて柔らかく、寄せ植えに使いやすい。

memo

耐暑性	弱		強
耐寒性	弱		強
水やり（春〜夏）	少		多
（秋〜冬）	少		多

Summer

Winter

Summer

Winter

ダシフィルム
ベンケイソウ科セダム属

ブレビフォリウムの名で数多く流通しているが、正しい名前は
ダシフィルム。小さなつぶつぶとした葉が上から見ると十字
の形に積み上がっている。色は白みを帯びたブルーグレーで、
気温が下がってくるとほんのりオレンジがかる。

memo

耐暑性	弱 ▓▓▓▓▓	強
耐寒性	弱 ▓▓▓▓▓	強
水やり（春〜夏）	少 ▓▓▓▓	多
（秋〜冬）	少 ▓▓	多

プロリフェラ
ベンケイソウ科セダム属

セダム属のプロリフェラで多く流通しているが、エケベリア属のプロリフィカと同じものである。繁殖力が強く、親株から先端に小さな子株をつけるランナーで増える。日当たりと風通しをよくすれば丈夫に育つ。

memo		
耐暑性	弱 ▬▬▬▬	強
耐寒性	弱 ▬▬▬▬	強
水やり (春〜夏)	少 ▬▬▬	多
(秋〜冬)	少 ▬	多

Summer

Winter

ホワイトストーンクロップ
ベンケイソウ科セダム属

赤茶のつぶつぶとした葉がかわいい。紅葉すると茶系の色が抜けて、シックな朱色に染まる。原産地は中米、非常に強健で育てやすい。粒も落ちにくいので寄せ植え初心者におすすめ。

memo		
耐暑性	弱 ▬▬▬▬	強
耐寒性	弱 ▬▬▬▬	強
水やり (春〜夏)	少 ▬▬▬	多
(秋〜冬)	少 ▬	多

Summer

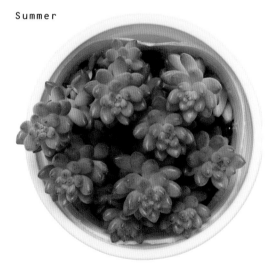

Winter

Summer

Winter

松の緑
ベンケイソウ科セダム属

　別名松姫。丸葉松の緑とは学名が同じだが、松の緑は葉の先がとがり、先は淡いオレンジ。葉にはつやがあり、ハダニ被害を受けやすいので時折葉水を与えましょう。寄せ植えには背面部分に使うのがおすすめ。

memo

耐暑性	弱		強
耐寒性	弱		強
水やり（春〜夏）	少		多
（秋〜冬）	少		多

マジョール
ベンケイソウ科セダム属

小さなぷくぷくとした葉をぎゅっと密集させて同じ太さの
まま上に立ち上がり、枝垂れてくる。ブルーグリーンの葉は、
紅葉するとほんのり紫がかったグレーのグラデーションへ
変化。初心者でも扱いやすい品種。

	弱		強
耐暑性			
耐寒性			
水やり (春〜夏) 少			多
(秋〜冬) 少			多

Summer

Winter

ミルキーウェイ
ベンケイソウ科セダム属

小さなぷっくりした葉が密集。色合いはごく淡いグリーンで、
紅葉すると葉全体がイチゴミルクのような淡いピンクに染
まる。花は白い星型の小花を散らしたようになり、天の川の
ようにも見える。

	弱		強
耐暑性			
耐寒性			
水やり (春〜夏) 少			多
(秋〜冬) 少			多

Summer

Winter

Sedum

リトルビューティ
ベンケイソウ科セダム属

黄緑色の先が細くなった葉で足元から旺盛に子株を吹いて群生する強健種。暑さに強く、育てやすい。紅葉すると全体に淡いオレンジになり、よく日に当てて水切り気味に育てるとぎゅっとしまってかわいくなる。

memo		
耐暑性	弱 ▓▓▓▓▓▓	強
耐寒性	弱 ▓▓▓▓▓▓	強
水やり(春〜夏)	少 ▓▓▓▓	多
(秋〜冬)	少 ▓▓	多

Summer

Winter

ロッティ
ベンケイソウ科セダム属

むっちりした肉厚のライムグリーンの丸い葉が印象的。紅葉するとクリームがかった白に変化し、爪は白い粉がのったままオレンジの柔らかい丸い点が現れる。寒さに弱いため、冬の夜間の置き場所に注意。

memo		
耐暑性	弱 ▓▓▓▓▓	強
耐寒性	弱 ▓▓▓	強
水やり(春〜夏)	少 ▓▓▓▓	多
(秋〜冬)	少 ▓▓	多

Summer

Winter

Summer

Winter

レッドベリー
ベンケイソウ科セダム属

虹の玉よりも二回りほど小ぶりの粒状の葉をたくさんつけた、愛らしい葉姿が特徴。通常は濃いめのグリーンだが、日によく当てて栄養分の少ない土で育てると、透明感のあるおいしそうな赤い葉になる。

memo

	弱		強
耐暑性			
耐寒性			
	少		多
水やり（春〜夏）			
（秋〜冬）			

愛星

ベンケイソウ科クラッスラ属

肉厚でぽってりとした葉を交互に出しながら上に向かって成長し、春にはピンクの花を咲かせる。気温の低下とともに、緑の部分がクリームがかり、印象的な赤のエッジと合わせて、かわいらしい印象になる。ただし、凍結に注意。

memo

耐暑性	弱		強
耐寒性	弱		強
水やり（春～夏）	少		多
（秋～冬）	少		多

Summer

Winter

エンジェルティアーズ

キク科セネシオ属

斑入りのピーチネックレスで、ミルクホワイト～若草色のグラデーションの雫型の粒がブドウのように鈴なりにつく。紅葉すると白い部分がほんのり桜色に染まる。同じ斑入りのグリーンネックレスよりも強健で育てやすく、大きめの寄せ植え向き。

Summer　　　　Winter

耐暑性	弱		強
耐寒性	弱		強
水やり（春～夏）	少		多
（秋～冬）	少		多

小米星

ベンケイソウ科クラッスラ属

小さな肉厚の葉が密に重なりながら上に向かって成長する。水や肥料分が少ないと下の葉がカリカリになり、茎が木質化して固くなる。鉢底まで乾いたら、底から流れでるくらいの水をあげるとよい。

Summer　　　　Winter

memo

耐暑性	弱		強
耐寒性	弱		強
水やり（春～夏）	少		多
（秋～冬）	少		多

京美人
ベンケイソウ科パキフィツム属

ぷくぷくとした細長い葉の先にやわらかな白の爪を持ち、普段はブルーグレーの葉色。紅葉すると、京美人の名の通り、はんなりしたやわらかな桜色〜ミルク色のグラデーションに。葉ざしでもよく増え、育てやすい。

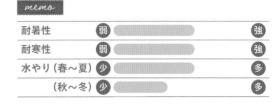

memo			
耐暑性	弱		強
耐寒性	弱		強
水やり (春〜夏)	少		多
(秋〜冬)	少		多

Summer

Winter

立田鳳
<small>たったほう</small>
ベンケイソウ科クラッスラ属

中央アジア原産で、天竺の名でも流通。葉は光沢のある茶色で中心に黄斑が入っており、肉厚気味の小さいロゼットを形成する。紅葉すると濃いピンクに染まる。葉ざしでもさし穂でもよく増える。凍結に注意。

memo			
耐暑性	弱		強
耐寒性	弱		強
水やり (春〜夏)	少		多
(秋〜冬)	少		多

Summer

Winter

Summer

Winter

だるま秋麗
ベンケイソウ科グラプトペタルム属

中南米を原産とするグラプトペタルム属の交配種。平たい丸型の葉で通常の色は薄めのグレー。紅葉するとピンクがかり、よく日に当てて育てると細かいラメがのったように光沢のある淡いピンクになる。風通しと日当たりのよいところで育てましょう。

memo

	弱		強
耐暑性	弱		強
耐寒性	弱		強
水やり（春〜夏）	少		多
（秋〜冬）	少		多

パキフィルム
ベンケイソウ科グラプトペタルム属

小さなつぶつぶの葉で、柔らかなオレンジの爪をもつ。紅葉すると葉先が赤くなり、むっちりぎゅっとした葉のロゼットに変化する。よく群生し、また葉ざしでもよく増える。寄せ植えに入れえるとかわいい雰囲気になる。

Summer

Winter

others

パステル
ベンケイソウ科クラッスラ属

クラッスラ 小米星の斑入りの品種。小米星よりも全体に白く、エッジも薄めのオレンジ。蒸れと焦げに弱いので夏越しは注意が必要。水が好きなので、下の葉が柔らかくなったら鉢底から流れ出るほどの量を与えましょう。

Summer　　　　　Winter

パンチュクラータ
ベンケイソウ科クラッスラ属

木の枝のような茎に、銀葉の短い針葉樹の葉をたくさんつける。水が足りないと下葉から枯れていくので、水切れには注意。箱庭風の寄せ植えの背景に使うと、まるで本物の木のように見え、素敵に仕上がる。

Summer　　　　　Winter

姫秋麗
ベンケイソウ科グラプトペタルム属

小さなつぶつぶのピンクの葉が密に群生する姿がかわいらしく、非常に人気がある品種。気温が下がると紅葉し、全体的に細かいラメがのった淡いピンク色に変化する。葉ざしでよく増え、丈夫なので取れた葉も増やす元として使うとよい。

memo		
耐暑性	弱	強
耐寒性	弱	強
水やり（春～夏）	少	多
（秋～冬）	少	多

Summer

Winter

斑入りカメレオン
ベンケイソウ科セダム属

やや細く先のとがった薄い葉がスクリューのようなロゼットを形成。通常は白っぽいグレー～緑のグラデーションで、紅葉するとピンクから白の美しいグラデーションを見せてくれる。上に向かって育つ。

memo		
耐暑性	弱	強
耐寒性	弱	強
水やり（春～夏）	少	多
（秋～冬）	少	多

Summer

Winter

フーケリー
ベンケイソウ科パキフィツム属

中米原産で、ぷっくりとしたまるい葉がかわいらしい。通常はブルーグレーで、紅葉するとごく淡いパープルの色に染まる。上に向かって成長し、茎立ちする。白い粉が載っているので、茎の株元を持つとよい。

Summer　　　　　　Winter

memo

耐暑性	弱		強
耐寒性	弱		強
水やり (春〜夏)	少		多
(秋〜冬)	少		多

ペキュリアリス
ベンケイソウ科クラッスラ属

産毛が生えたやさしいグリーンの小さな葉っぱと赤紫の茎とのコントラストが印象的。クラッスラのブロウメアナと同じ品種といわれているが、ペキュリアリスの方がコンパクトで、葉も茎も柔らかな雰囲気。

Summer　　　　　　Winter

memo

耐暑性	弱		強
耐寒性	弱		強
水やり (春〜夏)	少		多
(秋〜冬)	少		多

紅稚児（べにちご）
ベンケイソウ科クラッスラ属

エケベリアにも同じ名前の品種があるが、クラッスラの紅稚児は薄い平たい小さな葉を交互につけながら上に伸びる。特徴的なのは春に咲く花で、赤く細い茎の先にたんぽぽの綿毛のようなまるい花を咲かせる。

Summer　　　　　　Winter

memo

耐暑性	弱		強
耐寒性	弱		強
水やり (春〜夏)	少		多
(秋〜冬)	少		多

ボルケンシー錦
ベンケイソウ科クラッスラ属

成長すると5〜10センチほどになる。紅葉すると白の斑の部分がピンクに染まり、可憐な印象を与える。寒さに非常に弱いため、霜と北風を避け厳寒期の夜は室内に取り込むなどしっかりとした寒さ対策が必要。

Summer　　　　　　Winter

memo

耐暑性	弱		強
耐寒性	弱		強
水やり (春〜夏)	少		多
(秋〜冬)	少		多

others

星の王子
ベンケイソウ科クラッスラ属

アフリカ原産。薄い葉が積み重ねるような姿で、葉のエッジは紫で、本来はブルーがかったグリーン。クラッスラの中では大型で、上に向かって成長するため、大きな寄せ植えの背面に入れると特徴的な形を生かせる。

Summer  Winter

memo

耐暑性	弱		強
耐寒性	弱		強
水やり (春〜夏)	少		多
(秋〜冬)	少		多

南十字星
ベンケイソウ科クラッスラ属

アフリカ原産で、星の王子の斑入りの品種。三角形の葉が交互に重なり合って、塔を積み重ねるように成長。葉には黄色の縁取りがあり、斑の真ん中にグリーンの筋がうっすら入り、上から見ると十字の星のよう。

Summer  Winter

memo

耐暑性	弱		強
耐寒性	弱		強
水やり (春〜夏)	少		多
(秋〜冬)	少		多

リトルフロッジー
ベンケイソウ科クラッスラ属

リトルミッシーは、この斑入りの品種。小さい葉をたくさんつけて垂れ下がる、リボンの形がかわいらしい。エッジもワイン系の深い色でよりシックな雰囲気が特徴的。冬の気温低下の凍結に注意しましょう。

Summer  Winter

memo

耐暑性	弱		強
耐寒性	弱		強
水やり (春〜夏)	少		多
(秋〜冬)	少		多

リトルミッシー
ベンケイソウ科クラッスラ属

ミッシーとは英語で「若いお嬢さん」の意味で、その名の通り、かわいらしい雰囲気。小さなリボン型の葉の周りがピンクのステッチで、夏は白くなり、気温が下がるとピンク色に染まる。冬の気温低下の凍結に注意。

Summer  Winter

memo

耐暑性	弱		強
耐寒性	弱		強
水やり (春〜夏)	少		多
(秋〜冬)	少		多

ルドリップ
ベンケイソウ科クラッスラ属

原産地はアフリカで、別名ヘレイ。左右のつながった葉が交互に生え、短茎で茎立ちする。茎は次第に木質化する。挿し木で増やすとよい。高温多湿に弱いので、夏は風通しに気をつけましょう。

Summer

Winter

レモータ
ベンケイソウ科クラッスラ属

細かく起毛した小さなアーモンド型の葉がかわいい。通常はグリーンだが、栄養分の少ない土でよく日に当てて育てると、冬にはシックな紫色に変化する。多湿でさび病になることもあるので、風通しに注意。

Summer

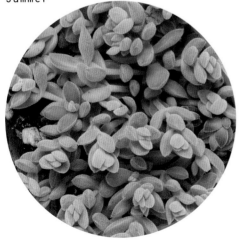

Winter

others

みっちり寄せの Q&A

みっちり寄せにまつわるトラブルや困ったことを解決します。
いざというときは、慌てず対処しましょう。

Q.1 多肉植物を買うときの苗を選ぶポイントは？

A エケベリアは、成長点があるロゼットの中央部分が美しく、葉がみっちりと密になっていて葉数の多いものを選びましょう。つぶつぶ系のセダムは、葉と葉の間隔がなく、葉が密に茎についているもの、草系のセダムは、株元が変色しておらずこんもり茂っているものがよい苗です。

good!

× bad ××

Q.2 徒長ってなに？

A 多肉植物はたくさんの光を必要とします。室内管理で光が足りず、土が濡れていて曇りの日が続き日照不足だと、光を求めてひょろひょろと伸びてしまいます。これが徒長。そうなった場合、元には戻らないのでいったん切り戻し、コンパクトに育てましょう。

Q.3 形が崩れてきたり、枯れてきたらどうすればいいの？

A 虫がついたり、葉の色が変わった場合は、季節に関係なく鉢から抜き、株の状態を確認します。痛んでいるところや虫を排除し、根を乾燥させてから新しい土に植え付けます。水やりをしばらく忘れるなどして、苗がしぼんで枯れているように見えても、たっぷり水やりをすると元に戻ることもあります。苗にふくらみが戻らない場合は、根の状態が悪いことが考えられるので、季節を問わず植え替えをして様子を見ましょう。

soil + zeolite

Q.4 エケベリアの葉が焦げてるみたいだけど、これは元に戻る?

A 強い日差しや、水やり時の水滴が葉の上に残ったままだと虫眼鏡のように光を多く集めてしまうレンズ効果で、葉が焦げてしまうことがあります。残念ながら焦げはなおりません。成長とともに新しい葉が増えて入れ替わるのを待つしかありません。

Q.5 成長期以外に寄せ植えはしないほうがいい?

A 成長期である春と秋以外でも寄せ植えは可能です。とくに上に向かって茎立ちするタイプのセダムなどを使ったみっちり寄せは、成長期以外の季節に作るからこそ、そのままの形で長く楽しむことができます。水やりや置き場所に気をつければ、1年中楽しむことができます。

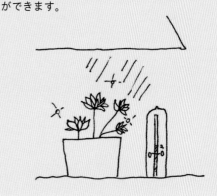

Q.6 部屋に置いて眺めたいけど、どうしても室内はダメ?

A 多肉植物は日光と風通し、適度な水分を必要とします。部屋に置きたい場合は、日替わり(夜間のみや、毎日違うものにする)で室内に持ち込む方法がおすすめです。ただし、鉢の土が乾いている状態のときにしましょう。

Q.7 冬に凍ってしまった多肉植物はどうしたらいいの?

A 水やり後の急な冷え込みなどで植物が凍ってしまった場合には、急に暖かいところに移すのではなく、明るめの日陰などでゆっくり解凍してあげると元に戻る可能性もあります。何より、凍らせないように気をつけることが大事です。

Q.8 穴のない鉢の寄せ植えの水やりはどうしたらいい?

A 多肉植物の水やりは、根から必要な水分を吸収させるだけではなく、根から土に排出された老廃物を、鉢の外に水やりの水分で一緒に排出させ、土をきれいにする役割も担っています。そのため土に排出される老廃物を吸着させる、根腐れ防止剤のゼオライトを鉢底石の代わりに使用するのがおすすめです。

多肉スタイリング協会®について

著者のkurumiさんが代表理事を務める「多肉スタイリング協会」。多肉植物を使ったみっちり寄せをはじめ、ニーズに合わせた実践的なレッスンを開催しています。

多肉スタイリング協会は、多肉植物の寄せ植えの魅力を発信し、多肉植物の寄せ植えを花の寄せ植えやアレンジのように普及させることを目的として設立されたものです。現在会員は国内外合わせて200名以上。多肉植物の寄せ植えのスタイリングを、形や色などのテーマに沿って体系的な講座を開催しております。

毎年10月〜5月に開講される多肉スタイリングの「基礎コース」「発展コース」は、本部のある神奈川県平塚市を中心に5会場にて全国から数多くの方が参加されています。

◆ 基礎コースカリキュラム（全6回）

多肉植物の寄せ植えに必要な多肉植物の知識及び管理、形ごとの基本スタイリング（5作品）及び多肉植物の箱庭制作。

◆ 発展コースカリキュラム（全10回）

応用スタイリング（8作品）及び自由な題材での卒業制作。

◆ その他

会員のための多肉植物の寄せ植えを楽しむ「多肉スタイリングクラブ」は、関東各地にて月に1度、発展コースを修了した方のための「多肉アトリエクラス」は、平塚本部、東京にて毎月開催。

また多肉植物の寄せ植えを教える多肉スタイリスト®を育成するための「多肉スタイリングプロコース」は、基礎、発展コース修了者の中から審査の上、受講可能です。寄せ植えの技術を教えるのではなく寄せ植えを教えることに特化した内容になっています。資格取得者である多肉スタイリストは、関東一円および広島、愛媛など全国にて寄せ植えスタイリングレッスンを開催しております。

Information

多肉スタイリング協会®
Succulents Styling Association

[協会本部] 神奈川県平塚市久領堤3−13−16
[Mail] succulentsstylingassociation@yahoo.co.jp
[Instagram] @succulentsstylingassociation
https://www.succulentsstylingassociation.com/

協力店の紹介

本書の撮影などで協力をしてくれた2店舗を紹介。
多肉植物が豊富に揃い、雰囲気やディスプレイも素敵です。

cottage garden

オーナーのこだわりが見える
オリジナリティあふれるショップ

平塚の一軒家を改装したガーデニングショップ。多肉植物を中心に、プランターなどのガーデニンググッズ、ドライフラワーなども取り扱っています。店内や庭のインテリアやオーナーが手がける寄せ植えも見応え十分で、まるで多肉植物園のような雰囲気。きっと寄せ植えのアイデアやヒントが見つかるはずです。

Information

cottage garden
[住所] 神奈川県平塚市久領堤3-13-6
[電話] 080-5175-7670
[営業時間] 10:00〜16:00（木・金・土のみ※不定休あり）
営業日はHPカレンダーをご覧ください。
https://r.goope.jp/cottage-garden
[instagram] @cottagegarden8

Garden Messe

抜群の品揃えを誇る
多肉ファン御用達の店

多肉植物の中でも、エケベリアとセダムの品揃えは都内随一。秋から春のベストシーズンには目移りするほどの品種が揃うので、迷ったときは知識豊富なスタッフに気軽に相談を。植物以外のガーデニンググッズも充実しており、寄せ植えのやり方や困ったことなどのアドバイスをしてくれるので、初心者でも安心して買い物を楽しめます。

Information

Garden Messe ガーデンメッセ八王子
[住所] 東京都八王子市北野町592-1ルームズ大正堂内1F
[電話] 042-660-1225
[営業時間] 10:00〜18:00　[定休日] なし
http://www.garden-messe.com
[instagram] @garden_messe（多肉専用アカウント）
[instagram] @garden_messe_flower（お花専用アカウント）

kurumi（くるみ）

多肉スタイリング協会® 代表理事。Kurumi Succulents 主宰。多肉植物に出会って14年。多肉植物の生命力や繊細な色合いに魅了され、その特性を活かした寄せ植えを楽しむとともに、わかりやすくレベルアップできるレッスンを全国で開催。現在は関東を拠点に、多肉植物の寄せ植えを色や形、飾り方までトータルでスタイリングするメソッドを体系的に学べるレッスンを開催。著書に「kurumiの多肉スタイリングの世界」（メディアパル社）がある。
Instagram　@kurumilepetitjardin
https://www.succulentsstylingassociation.com

編　　集	武智美恵	協力	いとうぐりーん（伊藤大造）
デザイン	伊藤智代美		http://itogreen.com/
撮　　影	サカモトタカシ		Garden Messe/ ガーデンメッセ八王子
	天野憲仁		http://www.garden-messe.com
イラスト	kurumi		cottage garden
撮影協力	中澤 玲		https://r.goope.jp/cottage-garden

Jewel Garden/ ジュエルガーデン
http://jewelgarden56963.com

Flower Beetle/ フラワービートル（井出暁彦）
Instagram @flowerbeetle2018

多肉植物のみっちり寄せ植え

2023年2月20日　　第1刷発行
2024年2月20日　　第2刷発行

著　　者	kurumi
発行者	吉田芳史
印刷所	株式会社 光邦
製本所	株式会社 光邦
発行所	株式会社 日本文芸社
	〒100-0003　東京都千代田区一ツ橋1-1-1 パレスサイドビル8F
	TEL.03-5224-6460（代表）

Printed in Japan 112230210-112240205 Ⓝ 02(080026)
ISBN978-4-537-22080-3
URL https://www.nihonbungeisha.co.jp/
Ⓒ kurumi 2023

（編集担当　牧野）

内容に関するお問い合わせは
小社ウェブサイトお問い合わせフォームまでお願いいたします。
ウェブサイト https://www.nihonbungeisha.co.jp/